フィギュール彩 44

SEEKING THE CITY THAT ONE COULD LIVE
YU KONDO

生きられる都市を求めて

荷風、プルースト、ミンコフスキー

近藤 祐

figure Sai

彩流社

目次

プロローグ

一九三一年、昭和六年十二月の初め、五十二歳とすでに円熟の域にさしかかった永井荷風は、麻布市兵衛町の偏奇館を出ると、いつものように市電を乗り継いで隅田川を渡り、深川あたりをさまよう。ふと見ると釜屋堀の道端に朽ちかけた祠《ほこら》があり、女木塚《をなぎづか》という石碑に、芭蕉の句が刻まれていた。

秋に添《そう》て行《ゆか》ばや末は小松川

日々、徘徊を旨とする荷風にとって、かかる発見は存外の喜びであったろう。釜屋堀などという旧称も忘れられて久しい現在、果たしてこの句碑は存在するのかとネット検索すれば、ただちに江東区の有形文化財に登録されているとわかる。もっともこのような「探索」の安易さを、荷風ならどう思うであろう。

ともかくもこの一句に興を得た荷風は、小松川まで行ってみようと決める。けれど東へ東へと赴き、小名木川の掘割が中川と交わるあたりまで来ると、行く手に巨大な堤防が立ちはだかっている。水路を行きかう乗合汽船や荷船は、城砦のような石造の水門をくぐって、向こう側へと出ていく。驚きながらも荷風は、十年以上前に浦安へと船で赴いた日の記憶をたぐり寄せ、この威圧的な堤防は、完成してまもない荒川放水路のそれであると知った。

堤防には船堀橋という長い橋がかけられている。その長さは永代橋の二倍ぐらいあるように思われる。橋は対岸の堤に達して、ここにまた船堀小橋という橋につづき、更に向の堤に達している。長い橋の中程に立って眺望を恣《ほしいまま》にすると、対岸にも同じような水門があって、その重い扉を支える石造の塔が、折から立籠《たちこ》める夕靄の空にさびしく聳えている。その形と蘆荻の茂りとは、偶然わたくしの眼には、佛蘭西の南部を流れるロオン河の急流に、古代の水道《アクワデク》の断礎の立っている風景を憶い起こさせた。

（「放水路」『冬の蠅』所収）

現在、本来の自然河川と併せて一級河川「荒川」と称される荒川放水路は、明治四十三年の豪雨による隅田川東岸一帯の洪水被害を契機に、隅田川の上流である荒川を赤羽岩淵付近から分岐して、直接東京湾へと導くべく計画された人工水路であり、大正全期を経て昭和五年の完工にいたるまで、実に十七年を要した近代東京の大土木工事であった。この放水路の開通により、中川のゆるやかな蛇行は東西に分断され、水源を奪われた西側の下流は痩せ衰えた旧中川となるが、上流はなぜか放水路には合流せず、放水路の東側を並行してそのまま東京湾に至る。荷風が目撃した長短二つの橋と三つの堤は、この中川と荒川放水路という二重河川がつくり出すきわめて人為的な風景であった。消えゆく江戸の文化と風物を惜しみ、近代東京の表層的な発展を呪詛した荷風にとって、もっとも嫌悪すべき光景であったのかというと、意外にもそうではなかった。

晴れた日に砂町の岸から向を望むと、蒹葭茫々たる浮洲が、鰐《わに》の尾のように長く水の上に横たわり、それを隔てて猶遙に、一列《いちれつ》の老松が、いづれもその幹と茂りを同じように一方に傾けている。蘆荻と松の並木との間には海水が深く侵入していると見えて、漁船の帆が蘆《あし》の彼方《かなた》に動いて行く。斯《か》くの如き好景は三四十年前までは、浅草橋場の岸あたりでも常に能く眺められたものであろう。

視界のかぎり茫洋たる放水路は、荷風にとって、失われて久しい隅田川岸の自然風景を思い起こさせたのである。以来、荷風はたびたび荒川放水路に通う。けれどその目的は、ただ市井に失われた自然に親しむというだけではなかった。

放水路の眺望が限りもなくわたくしを喜ばせるのは、蘆荻と雑草と空との外、何物をも見ぬことである。殆ど人に逢わぬことである。平素市中の百貨店や停車場などで、疲《つか》れもせず我先にと先を争っている喧騒な優越人種に逢わぬことである。夏になると、水泳場また貸ボート屋が建てられる処もあるが、然しそれは橋のかかっているあたりに限られ、橋に遠い堤防には祭日の午後といえども、滅多《めった》に散歩の人影なく、唯名も知れぬ野禽《やきん》の声を聞くばかりである。

一般に荷風の「散策」と言えば、大正四年刊、旧江戸市中の名刹や地勢の美観を収集した『日和下駄』に代表される。けれどここに語られる散策は、かなり趣を異にする。何かを見に行くための散策ではなく、何も見ないための散策なのである。特に荷風が好んで歩いたのは、放水路と中川とに挟まれた堤防であった。

中間の堤防はその左右ともに水が流れていて、遠く両岸の町や工場もかくれて見えず、橋の影も日の暮れかかるころには朦朧とした水蒸気に包まれてしまうので、ここに杖を曳く時、わたくしは見る見る薄く消えて行く自分の影を見、一歩一歩風に吹き消される自分の足音を聞くばかり。いかにも世の中から捨てられた成れの果《はて》だという心持になる。

土地勘がなければ読み過ごしてしまうが、荒川と中川とに挟まれた細く長い堤は、地図に見るかぎり当時も今も空漠たる一本道である。現在では上空に高速道路がかかり、ホームレスのものとおぼしき小屋も点在する。およそ異界の趣さえあり、推理小説作家ならば、殺人事件の被害者でも放置してみたくなるのではないか。散歩道としてどうのではなく、何処まで歩いても果てがないという寂寥感に襲われる。そんな凄蒼な散策にこだわる荷風の孤塁には、ある種の凄みさえ感じられる。いったい何が、荷風をここまで追いつめたのか。

わたくしが郊外を散行するのは、[中略]自分から造出す果敢《はかな》い空想に身を打沈めたいためである。平生胸底に往来している感想に能く調和する風景を求めて、瞬間の慰藉《ゐしや》にしたいためである。その何が故に、又何がためであるかは、問詰められても答えたくない。

明治・大正と近代日本のめざましい進歩に背を向け、失われていく江戸の古風、日蔭に暮らす弱者の心象を書き留めてきた荷風は、愛すべき下町をことごとく焼き尽した関東大震災後、新たに出現した昭和というさらに不愉快な時代を迎え、もはや東京市中には、自分が愛惜するものがないという寂寞と怒りとを抱えていたに違いない。けれど荷風に限らず、人間にとって、愛惜するべきものがない場所に生きているとは、どういうことか。おそらく、ここにはもう「生きられる場所がない」というに等しい感覚ではなかったか。

永井荷風の人気は近年ますます高く、特に「散策者」としての荷風は、都市生活者の先達として礼賛される。荷風が嘆き、また憎悪した東京の風景や文物の急速な変貌を、私たちもまた、同時代的に経験しているからであろう。

現在の東京においても、馴染みある古い建築や町並みはあっという間に駆逐され、精力的な大規模開発により、真新しいけれど、どこか居心地の悪い空間がつぎつぎと出現する。時刻表のごとく正確な時間が刻まれ、人間は仕事をしているときはもちろん、休息や娯楽においてさえ秒単位の時間に支配されているように見える。モノや情報はあふれているが、何か息苦しく、漠とした不充足感や喪失感、あるいは憤懣のようなものを、多くの人間が抱えているのではないか。

もっともイギリスのグローバル情報誌「ＭＯＮＯＣＬＥ」が発表した二〇一五年度「世界の住みやすい都市」ランキングでは、東京が堂々一位に輝く。二位以下はウィーン、ベルリン、メルボルンと続き、福岡が十二位、京都が十四位に顔を出す。アジアではシンガポールが十三位である。環境やインフラ整備、治安、おいしいランチの値段などの総合評価であるが、現実に東京に生活する人間が納得するであろうか。およそ指標や統計数値ほど、私たちの実感から遠いものはなかろう。

現在の東京には、「生きられる場所がない」とまでは言わなくとも、何かもっと別の生き方、何か別の「生きられる場所」があるのではないかという思いを、多くの人間が共有しているように思える。そのような実感、東京に限らず現代都市にまつわる私たちの不充足感は、いつ、どのように生み出されたのか。歴史を遡れば世界規模の大都市であった江戸においても、郊外散歩をテーマとした本が出版されている。人口の過密する空間を生きる人間には、それなりの息抜きが必要であったらしい。しかし本書では、やはり荷風の生きた時代から考察を始めよう。現在の都市空間がかかえる問題のほとんどは、荷風の時代に始まっている。荷風が目撃した「都市」はどのようなものであり、それは私たちにどのように継承され、また変質してきたのか。そのあたりから見ていきたい。

第一章　現代都市という病

一　近代都市というもの

荷風が放水路をさまよい始めた昭和初期、東京は近代都市として急速な発展を遂げていく。大正十二年の関東大震災後の復興計画により、環状線や放射線など、新たな幹線道路の青写真がひかれ、市内数ヶ所のスラム街は、鉄筋コンクリート造の同潤会アパートへと生まれ変わった。大正元年には二百七十八万人であった東京市の人口は、昭和三年に五百万を超える。旧十五区から周辺の五郡八十二町村を併せ、三十五区へと拡大するのは昭和七年である。分離派様式のオフィス・ビルが次々と建設され、サラリーマン層が台頭する。新宿のダンスホールには、流行のスタイルに身を固めた男女が群れ集った。「大東京」なる言葉が喧伝されるようになるのも、この時期からである。

けれど、そもそも「近代都市」とは何か。ギリシャの古代都市やヨーロッパ中世の城塞都市、大航海時代の商業都市、あるいは現代の都市とは何が違うのか。「近代都市」の「近代」を定義するのが早道であろう。

理念的な定義によれば、「近代」は産業革命と民主主義とによってもたらされた。もちろん、この定義はあまりに単純過ぎよう。産業革命はまだしも、民主主義の発生なり定着なりは、国や地域それぞれにおいて大きな違いがあった。マリー・アントワネットをギロチンにかけたフランス革命と、日本でまがりなりにも普通選挙が実施された明治二十二年とでも、百年近い時差がある。現代の日本には、まだ真の民主主義が成立していないという説もあろう。それでも産業革命とともに民主主義が「近代」の両輪とされるのは、近世の農奴制が人間を特定の土地に拘束し続けていたならば、産業革命による工場制機械工業は、その急激な発展を支える労働力を確保できなかったからである。産業革命の本家イギリスにおいては、かの悪名高き「囲い込み」によって、職を奪われた農民層が都市部へと流入したとされる。個人の人権はまだしも、人間がそれなりに自由に移動・移住できる制度が「近代」には不可欠であった。

そのような「近代」の「都市」である近代都市は、産業革命と民主主義、つまりは大規模な工場と、自由に移動できる労働者によって具現化される。

新しく拡張しつつある都市にあっては、都市《まち》を形造る要素は二つあるだけであった。輸送・貯蔵の設備をほどこした工場と、労働者の住宅とである。都市の中心は工場、倉庫、鉄道、ドック、および運河とから成り立っていた。ルース・グラークはそのような都市の一つ——ミドルズブラ——の有様を生き生きと、うまく描写している。「コークス炉と溶鋼炉の周りに町が生れた。……工場はただただ物凄くかつ巨大で、風景たるや……ああ何たることだ。製鉄の煙が焰を交えつつ二条空に立ち上り、その煙で空はどんより曇っている。川辺はドックや製綱工場で占められており、川はもう住民のものではなくなってしまった。川底はどろどろだ。堤防には、工場やドックのありとあらゆる廃棄物や備品が取り散らかっている。鉄道、クレーン、煙突、溶鋼炉などのほとりはと見れば、大きな屑鉄の山が所狭しとばかりに作られてある。これが旺盛な、しかし蝕まれた工業都市の姿なのである」(アーサー・コーン『都市形成の歴史』)

ミドルズブラはイングランド北部、ノース・ヨークシャーに位置するが、工場が周辺環境を破壊し、労働者の住宅環境など顧みられないのは、どの都市も似たようなものであったろう。石炭ストーブから吐き出される煙は、工場の煙突から吐き出される煤煙とともに、ロンドンではかの有名な「霧」となる。

都市は荒涼醜悪なものへと、かく発展していった。しかし、工場を経営していくためには大勢の人手が必要であった。［中略］マンチェスター、サルフォード、ストラトフォードよりなるコナーベーション（市街地連担地域）の人口は、一八〇一年の九万から一九三五年には二〇〇万に増加した。（同前）

このようにして生まれた近代都市は、産業革命の浸透とともに、世界へと拡散していく。次々と新しい近代都市が生まれ、既存の都市も近代都市へと変貌していった。「花の都」パリも例外ではなく、ボードレールの『悪の華』にさえ、林立する工場の煙突が登場する。

私は、私の牧歌を清らかに美しく組み立てるために、占星家のように大空に近く起臥し、鐘楼のほとりに棲んで、風に送られてくる荘重な鐘の讃歌を、夢みながら、聞いていたい。私は腮《あご》に両手をかいながら、屋根裏部屋の窓から、歌いそして呟く工場を、煙突を鐘楼を都市の桅檣《きしょう》の林立を、そして永遠を夢みさす大空を、じっと見ていよう。

（「風景」『悪の華』所収　矢野文夫訳）

東京においても大正六年、荷風の「つくりばなし」はこのように記す。

両三年前久振用事で向島まで出掛けました時、水神の岸から眺めますと、製造場は年々ふえ行くものと見えまして、水際一帯は赤煉瓦になり、濛々と立迷う黒烟の中に眞先稲荷の茂りは大抵枯れてしまったように見えました。

さらに昭和六年、荷風が放水路堤防から深川方向を振り返るとき、見えてくるのはこのような光景であった。

大島町《おおじままち》から砂町へとつづく工場の建物と、人家の屋根とは、堤防と夕靄とに隠され、唯林立する煙突ばかりが、瓦斯タンクと共に、今しも燦爛として燃え立つ夕陽の空高く、怪異なる暮雲を背景にして、見渡す薄暮の全景に悲壮の気味を帯びさせる。（前掲書）

工場が都市の中心ではなく、せいぜい郊外か、地方都市の工場団地などに誘致される現在から見れば、このような光景はやや想像が難しい。産業構造の変換や都市の過密化、さらには環境問題などによって、工場は長い時間をかけて都市の中心部から撤退していった。いや、すべての近代都市がそのまま現代都市へと模様替えしたわけではない。近代都市として繁栄しながらも、現在は廃れてしまった都市がある一方で、近代都市を経験せず、いきなり現代都市となったドバイのような例もある。近代都市がそのまま現代都市へと移行したロンドンやパリ、あるいは東京が、むしろ例外であるのかもしれない。現代都市を特徴づける郊外のニュー・タウン化、核家族モデルの崩壊、I

T技術による情報化社会などは、いずれも近代都市が経験しなかった現象である。帝国主義経済の確執による二度の世界大戦については、説明するべくもない。荷風を都市生活者の先達とみなす場合も、そのあたりを踏まえておく必要があろう。

もっとも近代都市から現代都市への不連続性のなかで、確実に継承されたものがある。荷風が「百貨店や停車場などで、疲《つか》れもせず我先にと先を争っている喧騒な優越人種」と呼んだもの、つまりは「消費」する「大衆」である。一般に「消費社会」と呼ばれるこの「消費」する「大衆」現象は、産業革命と民主主義という「近代」の両輪と不可分の関係にある。産業革命が生み出す新たな商品によって、大衆は新たな消費に目覚める。また新たな消費を見いだそうとする大衆の旺盛な欲望が、さまざまな流行を生み出していく。限定的であれ民主主義が大衆にもたらした自由は、何よりも消費する欲望を肯定する自由であった。

この「欲望」という人間に本来的に備わった属性は、近代から現代に至る民主主義の浸透により、際限なく増幅されてきたように見える。現代都市とはまさに「消費」する欲望を充たす場所であろう。いや、都市や地方を問わず、「消費」する「大衆」現象は現代において、地域や民族、宗教や政治体制の違いにも関わらず、世界を推進するもっとも強大なエネルギーとなっている。

二　商品化される都市

商品はそれを大量に消費する都市の大衆を必要とする。新しい商品が開発され、それを消費させる戦略が練られ、情報となって限定的に発信されるのも都市である。近代から現代にかけて、都市はもっとも「消費社会」が先鋭化した場所であり続けた。

けれど都市と消費との関係には、もうひとつ、別の側面がある。都市そのものが消費されるということ、都市空間もまた商品化されるという現象である。予兆はすでに、荷風の時代に始まっていた。

大正四年、上野公園にて「家庭博覧会」が開催される。政府主催ではなく、民間の新聞社がスポンサーであった。何よりも国家としての体裁を整えることを優先した明治が終わり、大正という「個人」が主役になろうとする時代を迎え、かつて内国勧業博覧会という一大国家プロジェクトが開催された上野公園にて、新時代にふさわしい「個人」生活が提案されるのである。フランク・ロイド・ライトに学んだ建築家、遠藤新による和洋折衷の「文化住宅」が提案され、その庭で飼うべき犬の品評会までも催された。さらには「あめりか屋住宅」という日本初のハウス・メーカーが出品する。大工職人たちが一品生産していた家という人間生活の基本空間が、工業化を前提とした商品として紹介されるのである。

もっともそのような「文化生活」の対象となるのは、一部の富裕層であった。昔ながらの木造借家や安長屋に暮らす一般大衆の住宅が工業化されるのは、戦後の復興期以降である。

昭和三十年設立の日本住宅公団は、言うまでもなく戦後の圧倒的な住宅数の不足を解消するために誕生した。できるだけ早く、できるだけ多くの住宅ストックを供給することが至上命題であり、その手法として採用されたのが、２ＤＫ、３Ｋという規格化された住戸単位をタテヨコに反復・増殖させていく団地建築である。ステンレス製の台所シンクという目玉商品もビルト・インされ、団地ごとに五〇〇戸、一〇〇〇戸とロットの増加は生産効率向上に直結する。まさに高度成長期の大量生産・大量消費と見合うように、団地建築は大量生産された。入居希望者の殺到は数十倍の競争率を生み、「高嶺の花」とも揶揄されたが、大正期の「文化住宅」とは異なり、団地建築の対象はサラリーマンを中心とする大衆層であった。その凄まじい量産体制は、昭和三十九年、日本の住宅ストック数が世帯数を超えるまで続く。団地建築のあまりの均質性や無個性が批判されるようになるのは、その前後からである。

高度成長期が一段落すると、最低限の衣食住をみたした日本人は、「個性」なり「心の豊かさ」という新たなキャッチ・フレーズのもと、さらに消費への「欲望」を増幅させる。「住」の分野でそのニーズに呼応するのが、住宅公団と主役交代するように時代の最前線に躍り出た民間資本のマンション・デベロッパーであった。昭和三十九年の東京オリンピックに呼応した第一次マンション・ブームは、大衆ではなく、競技施設建設のための再開発で潤った地主などの富裕層を対象としたが、民間マンション購入向けの公的融資制度が整った昭和四十五年以降は、「中流」と呼ばれた一般大衆が対象となっていく。ユニット・バスやシステム・キッチンなど、工業製品がビルト・インされた機能的居住空間は、さらに広告宣伝によって大衆の消費欲をかきたてる。デベロッパーごとに高級感や個性を競い合う反面、建設コストを抑えるために工業製品が多用され、どの物件も空間の質としては均一化していった。

マンションのような集合住宅だけでなく、かつての「あめりか屋住宅」の末裔であるハウス・メーカーも同様で、テレビCM等の宣伝費、モデル・ルームの建設費や維持費、豪華なパンフレット代や営業マンの給与を差し引いても利潤が残るだけの徹底したコスト管理は、住宅の工業製品化という打ち出の小槌によって達成される。限られた予算により、限られた空間にどれだけの機能性を実現できるのかという開発競争において、住宅も自動車もスマートフォンも、基本的な違いはない。近代建築の教祖ル・コルビュジエは、住宅を「住むための機械」と定義したが、その予言は百年を待たず、私たちの現実となった感がある。

工業製品化された居住空間は、何よりも商品として流通する。消費者の欲望を刺激するために、その商品価値はマンションや住宅という「モノ」だけではなく、「イメージ」としても訴求された。新築マンションの広告はその優れた居住性とともに、優れた立地性をうたい上げる。「都心まで快速で○○分」、「山の手の静かな邸宅地」、「○○公園をのぞむ豊かな自然環境」といった宣伝コピーによって、都市の一部が切り取られ、イメージとして消費される。そのような売り文句を冠しにくい郊外地が開発される場合は、「○○ニュー・タウン」「○○ヒルズ」など、輸入ブランド商品のような地名が創案された。もっともこの手法は新しいものではなく、明らかに人工的な地名である「自由が丘」や「緑ヶ丘」、同じ目黒区内の「青葉台」など、現代東京の高級住宅地のいくつかは、大正期の文化住宅が普及していく時代に誕生している。

都市の商品化は居住空間に限らず、当然ながらデパートやショッピング・センターのような商業施設、スポーツ・ジムやゲーム・センターのようなサービス施設によっても推進される。商業地の高価な土地代に見合った高価なテナント代を回収するために、より多くの消費者を動員し、より多くの消費を促すことに特化した空間は、きわめて短サイクルでリニューアルされていく。少しでも目立つため、新たな刺激を与えるために、店舗サインで壁面が埋め尽くされた雑居ビルや、ジャラジャラと効果音を吐き出すゲーム・センターは、日本の現代都市に当たり前な風景であろう。もちろん個性重視の時代、表通りから一本入った隠れ家のようなバーが好まれたりもするが、目立たないことや隠れているというイメージも、消費者の欲望をみたす商品なのである。

このように現代都市は、さまざまなイメージやモノとして複層的に消費される。今や私たちの生活のすべては、商品化という巨大な潮流に呑みこまれたかのようである。子供の躾けや高齢者の介護など、かつては家族内・血縁内で担われていたものも、当たり前なサービスとして商品化されて久しい。今や恋人探しの代行や、感動的なプロポーズを演出する商売も存在する。私たちは骨の髄まで、「消費社会」にひたっている。

そんな私たちにとって、生涯でもっとも高価な買い物といわれる居住空間、つまりマンションやハウス・メーカーの住宅は、果たして住みよい空間であろうか。確かに生活するために必要充分な機能でみたされ、屋上や屋根には太陽光発電パネルを載せ、壁や窓の断熱性能も、時代の最先端であることが求められる。自動車や家電製品と同じように、商品としては最先端であり続けなければならない。けれどそのような完全無欠さを志向する空間に、ある種の息苦しさを覚えることはないだろうか。終わりなき商品化の果てに、失ったものはないだろうか。例えばその効率的・機能的「空間」性に対して、「時間」性とでも呼ぶべきものはどうか。

分譲マンションやハウス・メーカーが提供する空間は、それが商品である以上、「新品」の美しさが優先される。自動車や家電製品のように、いつまでもピカピカな方が良い。歪んだり錆びたりは許されず、寸法に狂いが生じてドアが閉まらなくなったり、窓からすきま風が入ればクレーム対象となる。自然の木目をプリントした合板が床材や建具に多用されるのは、工業化による低コストというメリットだけではなく、製品としての均質性が期待され、天然木材に生じる反りや摩滅、木目に浸透する汚れなどを回避できるからである。塗膜が劣化すれば錆びはじめる鉄製品は、アルミ製やステンレス製に代替され、ひびの入りやすい塗り壁は塗り壁調の柄をプリントした壁紙によって駆逐された。商品としてはいつまでも「古びない」ことが理想であり、時間の経過なり蓄積によって、「古びる」ことは忌避される。

個々のマンションや住宅に限らず、現代都市は総体として、日々、新しい空間を生み出していく。新しさそのものが価値となる商業施設は当然として、省エネやIT化を競うオフィス・ビルも同様であろう。そのために姿を消す古い建築や狭い街路は、火災や地震に弱く、円滑な交通を妨げ、土地利用の効率性に劣るなど、解体されるべき理由には事欠かない。大手デベロッパーが触手をのばす一等地でなくとも、市区行政が防災性向上の名のもとに、住宅密集地の建て替えや道路拡幅を促す。よほどの歴史的重要物件でもなければ、保存運動が起こることもない。毎日私たちが通勤・通学するルートに、ある日ふいに、ぽっかりと空地になっている場所があり、しかしそこにどんな建物があったのかが思い出せない。そんな記憶喪失が当たり前と感じるのも、現代都市ならではであろう。「古い」ものは忌避され、廃棄され、すぐに忘却される。そのような都市に「時間」性が蓄積されるはずはない。

その一方で国内外の観光地には、古色蒼然とした建築や鄙びた街路が残されていて、私たちは観光客としてその「古さ」を味わい、懐かしさや安息感にひたることができる。蓄積された「時間」性が、私たちに身体的な快感をもたらすのであろうか。使い慣れた道具が手になじむように、本来「古びる」ことは自然であり、私たちのこわばった意識や感性を解きほぐす。こんな場所で一生暮らしたいと感嘆もするが、休暇が終わり現代都市に戻れば、どこも真新しく、清潔で安全で効率的な空間が広がっている。「古びる」ことを忌避される商品としての現代都市は、著しく「時間」性を欠いている。

三　時間性とは何か

けれど、そもそも「時間」性とは何か。現代都市における「時間」の蓄積や欠如に言及するのであれば、正確に定義する必要があろう。たとえば都市に残された古い建築や街路をどのように保護すればよいのかという問題は、それほど簡単ではない。しばしば起こる混乱について、アメリカの都市計画家、ケヴィン・リンチが総括する。

あるものを保護するのは、それが重要な人物や事件を思い起こさせるからだろうか。ユニークだからだろうか。[中略]まったく反対に、その時代を最もよく代表するものだからだろうか。

集団のシンボルとして重要性をもっているからだろうか。現在にとって重要な本質をもっているからだろうか。過去についての知的な情報源として特別な有用性をもっているからだろうか。それとも、このような判断はくださいで(しばしば現実がそうであるように)偶然のなりゆきに選択をまかせてしまい、たまたま生き残ったものを、つぎの時代のためにそのまま保護するのがよいのだろうか。

(『時間の中の都市』)

このような混乱や試行錯誤は、そのまま日本の現代都市にも共通する。その背景にあるのは、歴史的な建築や街路を保存・保護する際の実務的な難しさとともに、「時間」性そのものの曖昧さであろう。指標や数値として明瞭であり、視覚によって把握できる「空間」性に対して、「時間」性はどうしても抽象的でわかりにくい。ただ「古い」というだけで価値を見出す学究肌の人間もいれば、歴史的建築や街路の保存・再生に何の興味もおぼえない「未来志向」の人間もいる。保存するコストを負担者する行政にしても、保存によって納税者はどのような利益を得るのかと議会で質問され、数字で答えるのは不可能である。

ではどうすればよいのか。都市における「時間」性についてリンチが提言する指標は、遺された建築や街路そのものではなく、それらの場所と私たち人間との「結びつき」である。空間における「時間」性とは、そこで人間がなんらかの活動をしたという記憶であり、その記憶がある特定の場所に「結びついて」現在の私たちに保たれているだけでなく、現在も新しい「結びつき」を生み出していることが不可欠であるとする。

景観には、人びとのイヴェントの痕跡がきざまれなければならない。そこには、そこで生活している人間との結びつきがなければならない。［中略］環境の保護を効率的に行なうには、何のために過去が維持されているのかを知り、さらに、誰のために過去が維持されているのかを知らなければならない。（同前）

たとえ昔からある風景でも、人間との「結びつき」がなければ、ただの空き地か原野である。大切なのは建物や街路、都市空間と、そこで人間がどのように活動していたのか、また現在もしているのかという関係の濃密さであり、そのような「結びつき」が消失した後に、亡骸《なきがら》となった建築や街路をありがたく維持・保存したからといって、「時間」性を確保できるわけではない。多くの保存建築物がたどる博物館化という手法も、そのような形骸化の一種である。過去を保存するのは過去そのもののためではなく、現在のためである。現在も「生きている」過去が重要なのであり、すでに命脈を絶たれ標本となった過去は、学問調査か観光、あるいは信仰の対象でしかない。

それでは人間は、建築や街路、都市空間と、どのように「結びついて」いるのか。もうすこし具体的に見ていきたい。現象学的地理学者、イーフー・トゥアンは、「空間」と「場所」という二つの概念を対置させる。

空間は開かれたものとして存在しており、未来を暗示し、行動を招いている。［中略］開いている空間には、踏み固められた道も道しるべも存在しない。そこには、確立した人間的意味の固定した様式はない。［中略］何らかの意味がしるされる可能性のある白紙のようなものである。取り囲まれ人間化されている空間は、場所である。空間と比べると、場所は確立した諸価値の安定した中心である。人間は空間と場所の両方を必要としている。人間の生活とは、庇護と冒険のあいだの、また依存と自由のあいだの弁証法的な動きである。

（『空間と経験』）

たとえば自分の家、さらにミクロ的には自分の部屋の椅子や寝台は、そこにいるだけで安心できる「場所」である。その家を出て会社や学校へと通う毎日のルートも、ある程度はよく見知っている「場所」であろう。しかしたどり着いた会社や学校はどうか。当然のように見慣れていて、自分に与えられた部屋や席を見いだせるという意味では「場所」的であるが、そこで多くの他者と対面し、すすむべき目標を自力で引き寄せなければならない「空間」でもある。人生の黄昏に近づいた高齢者は、「場所」にだけ安住できればよいかもしれない。親に庇護された家を出て人生の成功をつかもうとする若い人間にとって、「空間」は未知の夢をたくす希望であろう。もっとも「場所」

は内縁的で狭く、「空間」が外延的で広いとは限らない。「故郷の町」や「母国」という大きな領域も「場所」となり得るとトゥアンは言う。何故なのか。自分の家や部屋のように、「場所」は本来、濃密な個人性を帯びている。特定の人間にとって親しむべき「場所」が、他人にとってはよそよそしく落ち着かない「空間」でしかないこともある。そのような「場所」が、「故郷の町」や「母国」のように多くの人間に共有される要因として、その地域に根をはった地縁・血縁の結びつきや、「ふるさとの山」と石川啄木が詠ったようなランドマークの求心性などが想定される。しかし今ここで注目したいのは、その人間が「そこで生まれ、そこで育まれてきた」という「時間」の共有であろう。小学校時代の通学路のような、特に歴史的な価値もなく、もちろん美的でもなかった風景、道端に咲いていた雑草の花が、大人になって振り返るとき何よりもいとおしく思い出されるという経験は、多くの人間に共有されているように思える。それは幼少年期の緩慢に流れていた時間のなかで、「場所」と「結びついて」生きていたことの記憶であり、そこでふれ合った少なくはない人間や事物の記憶とともに、具体的な「場所」を抜きには成立しない。未知の「空間」が未来を孕むように、「場所」にはある程度の継続的な「時間」が蓄積されている。

もちろん私たちは、初めて遭遇した「空間」を、一目惚れのように「場所」化してしまうこともある。そのような現象が起こりうるのは、おそらく、その「場所」が想起させる別の「場所」を私たちが心のなかに所有していて、その「場所」への愛着が新たな対象へと投影されるからではないか。あるいはその「空間」が、すでに、多くの人間によって「場所」化されていることにより、ある種の濃密さを醸し出して私たちを引き寄せるのかもしれない。

このような前提に立つ時、都市のなかの「時間」性は、特定の有名建築や歴史的な街路だけに宿るわけではないことがわかる。人間による「空間」の「場所」化は至るところで営まれているはずで、しかしそのほとんどが美的でもなく、歴史的な価値もない普通の「場所」であろう。

親密な経験は、派手に誰にも分かるというものではないので、「これだ」ということもなく見過ごしてしまい、後になって振り返って考えたときに初めて、その価値を認識することになるのである。初めは、われわれはどんな劇的な状況も認識しない。持続する感情をもたらすであろう種子が蒔かれつつあることに気づかないのである。とるにたらぬ出来事でも、場所に対する強い感情をいつのまにかつくり上げる力をもっている。（トゥアン　前掲書）

とるにたらぬ出来事とは、この世界のどこにでもある、ありふれた出来事であり、多くの人間が共有できるものであろう。都市計画家のケヴィン・リンチが注目するのも、特定の有名建築や観光名所ではなく、アメリカの現代都市ならどこにでもあるような、実に平凡な風景である。

夕暮れと夜明け、裸の枝に芽ぶいた新緑、ニューイングランドの短い紅葉、夏季休暇の最後の日、劇場のロビーに集まって開幕を待っている観客の群、仕事が終わって家路に急ぐ人びと――これらは、ありふれた陳腐な情景ばかりだが、その陳腐さは、けっして私たちを退屈させることがない。（リンチ　前掲書）

固有名詞を変えれば、現代都市のどこにでも見い出せるこのような風景は、「ほとんどわれわれの一部になっていて、あまりに身近なために眼に入らない」（トゥアン　前掲書）ものであるにも関わらず、私たちが「空間」を「場所」化するための重要な手がかりとなる。とるに足らない風景が「時間」の蓄積によって、何ものにも変えがたい記憶となっていくらしい。

四　計画性の欺瞞

人間にとって愛しい「場所」性を、現代都市のなかに保存するだけでなく、新しい人為的な「計画」によって創造することはできるのか。

東京なら東京という現代都市にあふれる新たな「計画」は、いずれも明るい未来と人間的な生活、豊かな自然環境や人間同士の触れ合いを謳い上げる。いや、それは広告メディアの仕事であり、実際に「計画」するのは大手デベロッパーや行政、その依頼をうけて図面をひく都市計画家や建築家である。彼等の仕事は実際に現代都市を発展・変貌させてきたし、これからもそうするであろう。

けれど彼等が向き合うのは「空間」としての都市であり、「場所」という概念を欠いているのではないか。トゥアンはそう指摘する。

分析的な思考は、われわれの物理的、社会的環境を変化させてきた。［中略］あることを「知っている」ことと、そのことについて「知識がある」こととは、われわれにとっては実質的には同じであるという印象をわれわれはもっており、ケルヴィン卿は、「どんなものであっても、それを測定するまでは本当に知っていることにはならない」とまでいっている。しかしながら、人間の経験の多くは分節化するのは困難であるし、何らかの感情や美的反応の特質を満足いくように測定する方策を見いだすことも不可能である。［中略］地理学者と都市計画＝建築家は、「世界のなかにある」とは本当にどのようなことであるかを描写し理解しようとするよりも、そんなことはすでに分かっているという前提で話を進める傾向がある。つまり、われわれは空間のなかで方向づけられていて場所のなかでくつろいだ気持ちでいるという事実を前提に話を進める傾向があるのである。

（トゥアン　前掲書）

この指摘は鋭く、本質をついているように思える。トゥアンとならぶ現象学的地理学者のエドワード・レルフにも、このような指摘がある。

多くの施設計画や社会計画は、空間は均質であって物事は操作可能でその中に自由に位置づけられるという、暗黙の仮定に基づいている。

（『場所の現象学』）

まっさらな紙の上に図面をひき、空間を分節する。建築ならば内部を外部から分節し、そこで人間がどのように活動するかを予想する。人間がどのような空間に安らぎ、どのような空間から刺激を受けるかを「計画」するためには、この世界は根本において「操作可能」であり、その前提として「理解可能」であるという「暗黙の仮定」が要請される。「知識がある」ことが「知っている」ことと等価であるという前提においては、私たち人間がどのように「世界のなかにある」のかという根源的な課題はきれいに捨象される。「そんなことはすでに分かっている」のである。

もちろん現代都市は、「計画」なしには始まらない。モノや人間や自動車などの流通の増加が予想される動線は、「計画」による拡張が必要である。怠慢ならざる「計画」なしには、現代都市はすぐに機能不全に陥るであろう。けれど人間の多様性は、下水量の増加に土管の口径アップで対応するような単純さに納まるものではない。私たち人間が愛着する「場所」性、とるに足らないありふれたものが実はかけがえがないということ、そこになんらかの「時間」性が蓄積されることについて、「暗黙の仮定」は、ふかく思い至ることがない。

例外がないわけではない。クリストファー・アレクザンダーの『オレゴン大学の実験』は、その一例外であろう。建築家アレクザンダーは大学の一連の建築群を設計するにあたり、すべてを同時に、つまりは単一の論理で計画・建設するのではなく、ある程度の時間をかけて「漸進的」に成長させることを試みた。完成して使われはじめた建築は、人間との有機的な秩序を生み出し、そこから当初は思いもよらなかった現象も生み出される。それが続く計画に新たな課題とヒントを与え、プロジェクト全体を生き物のように成長させることが期待できる。一九六〇年代から七〇年代にかけて行われた貴重な「実験」であったが、現在では顧みられることも少ない。開発競争に明け暮れる現代のデベロッパーには、そんなに悠長に待てる「時間」的余裕がなく、最終的な完成予想図が描けないプロジェクトでは、行政も議会にはかれないのかもしれない。

日本では一九八〇年代から九〇年代にかけて隆盛したポスト・モダニズム建築も、その名前の通り、世界は「計画」可能であるとする近代思想へのアンチ・テーゼであった。機能性を最優先するあまり、どれも似たような箱型になるモダニズム建築の退屈さを打破するべく、古代ローマ建築の列柱やペディメントなどの様式的なモチーフを引用し、個性的で多様な建築体験が目指された。日本における代表作は、磯崎新設計のつくばセンター・ビルとされる。ホテルやコンサート・ホール、公民館からなる複合施設であるが、もっとも特徴的なのは、ローマのカンピドリオ広場をモチーフとした広場《フォーラム》であろう。もちろん、現代中国の各所に出現するようなコピー建築ではない。その一部を廃墟化して見せるなど、「計画」の完全性にたいするアイロニカルな批評精神を見ることができる。つくば市という新しく「計画」された人造都市において、時間性の蓄積を「創造」したと評することもできよう。けれど多くの日本人にとってカンピドリオ広場は、一度は行ってみたい人気の観光地ではあっても、幼少年期の記憶を喚起する「場所」性を孕むことはない。広場《フォーラム》を正当に評価するためには、かなり知的なフィルターが必要ではないか。

日本のポスト・モダニズム建築の興隆は、いわゆるバブル経済に重なったこともあり、その特徴的なデザインは、目立つこと、贅沢であることに価値を見出す時代の拝金主義に歓迎された。「廃墟」というデザイン・ボキャブラリーも、アパレル店舗のインテリアに多用されるなど、みごとに商品化される。そのためかバブルの消沈とともに呆気なく勢いを失うが、建設された建物の多くは健在であり、バブル時代の記憶を宿す遺物のように評されることもある。

戦後の復興期より数十年、多少の例外をのぞけば、日本の現代都市における開発計画や再開発計画、個々のマンションやハウス・メーカーのほとんどが目指してきたのは、「場所」性の深化ではなく、「空間」の効率性であった。「広く」「便利」で「安全」で「使いやすい」空間を実現し、さらには「快適」で「人間的」で「好奇心を刺激する」と同時に、「環境にやさしい」空間をも実現しようとする。もちろん、個々の建築家や都市計画家、あるいは大学の研究室や市民主催のワークショップなどの営為を否定するものではないが、物量や影響力を評価するかぎり、「知識がある」

ことは「知っている」ことと等価であるとする「暗黙の仮定」が、日本の現代都市を独占的に発展させてきたように見える。

五　平均値と均質化

人間的な「空間」を含め、すべては「計画」可能であるとする「暗黙の仮定」は、この世界をどこまでも商品化する「消費社会」と、どのような関係にあるのか。

消費社会において人間は、どんな消費欲をもっているか、具体的にどの商品に購買欲を覚えるのかによって評価される。最近になって問題視されるインターネットを介した個人情報の収集とマーケティングへの応用、つまり「何を検索しているのか」による人間のデータ化は、その最新版であろう。本来さまざまな志向性をもっている人間を、消費への「欲望」のみで評価する。何の消費にも結びつかない人間性は、きれいに捨象されてしまう。夕暮れ近く、公園のベンチに座って「裸の枝に芽ぶいた新緑、……劇場のロビーに集まって開幕を待っている観客の群、仕事が終わって家路に急ぐ人びと」を眺めているだけの人間は、データとしては存在しない。消費しない人間は、「人間」ではない。

人間の多様性を捨象してしまうデータ化の代表例として、広告代理店が年ごとに発表する「消費者」像があげられよう。そんな広告代理店が制作するハウス・メーカーのテレビCMには、芝生の庭に面したリビング・ルームで、子犬と戯れる子供たちに輝くような笑顔を送る若い夫婦が登場する。都市デベロッパーの雑誌広告では、オフィス・ビルの天井の高いエントランス・ホールで、優秀そうな日本人ビジネスマンが、外国人の顧客と快活に握手したりもする。そんなステレオ・タイプでありながら、現実にはどこにも存在しないような人間たちが、広告業界において想定される「消費者」の理想像ではないか。それらは時に、個性なり個人主義的な価値観を標榜しながらも、圧倒的なデータ量から抽出された非人格的な統計値にすぎない。にもかかわらず、多くの企業の商品開発や販売戦略におけるマーケティングに際しては、そのような「消費者」像が参照される。現実にはどこにも存在しないような「消費者」が、何かを新たな「消費」を「欲望」するのである。

けれどレルフによれば、そのような平均値的な「消費者」を生み出すのは、単にデータ化による人間の単純化や矮小化だけではなく、私たち人間そのものの均質化である。

人類から多様性が消え失せた。世界のどこへ行っても同じような行動や思考や感じ方に出くわす。これは、諸国が互いに影響しあい、よくまねし合うからだけではなく、各国の人々が身分制度や職業や家族に対する特有の考えや感じ方をなくしていって、みな一斉に同じような体質になってきたからだ。こうして、彼らは互いにまねしあわなくても、似た者同士になってきたのだ。

（レルフ　前掲書）

レルフが引用するこの文章は、意外にも現代のものではなく、十九世紀前半に生きたフランスの政治思想家、アレクシ・ド・トクヴィルである。産業革命がヨーロッパ全体へと急速に浸透していく時代、ノルマンディー地方の大地主の家系に生まれたトクヴィルは、フランス革命によって家族や親戚のほとんどが処刑される憂き目を見ている。産業革命と民主主義という「近代」の両輪が世界へとひろがっていくに従い、「人間や場所の共通の平均的な部分に目を向けるという根深い意識」（同前）が、人間の思考や感受性の均質化を生み出す。そこに出現するのは、多様なるものの平均値ではなく、かぎりなく最頻値へと収束する人間、つまりは人間の均質化であった。

……それはほとんど無意識的で主観的な形式であり、深く考えたり関心を払ったりしないで匿名の誰かによって、個人が知らず知らずのうちに支配されているような形式である。もっとも意識的で意図的な第二の形態も存在する。それは客観的で作為的な「公共性《パブリック》」の世界に結びついた偽物性である。

（同前）

人間の均質化と、そこに仮想される「公共性」を検証するのに、レルフはトクヴィルとほぼ同時代に生きたセーレン・キルケゴールまでも引用する。

水平化が本来の意味で出現しえんがためには、まず第一に、ひとつのまぼろしが、水平化の幽霊が、ひとつの巨大な抽象性が、いっさいを包括するがその実は無であるところの何ものかが、ひとつの蜃気楼が、成就されなければならない。このまぼろしが公共というものである。

(『現代の批判』飯島宗享訳)

産業革命に起因する大量生産・大量消費は、人間の生活と志向を均質化し、人間はみな平等であるという民主主義は、「公共性」という漠たる平均値を導き出した。「近代」が生み出した「大衆」とは、理念的に見ればそのような均質化された平均値にほかならない。「近代」が「現代」へと受け継がれ、「個性」の時代となり、表層的には消費が多様化していくように見えても、どういうわけか人間は、さらに均質化していくように見える。

グローバリズムという名のものに、消費社会は今や、この世界をどこまでも均質的なものに変えていく。同じように人間的な「空間」を「計画」可能であるとする「暗黙の仮定」も、効率性や利便性、公共性、さらにはCAD設計による三次元的なフォルムの未来性という、わかりやすい世界標準の価値観をかかげて浸透していく。そのように計画された現代都市は、どれもよく似ている。

東京であれニューヨークであれ上海であれドバイであれ、新しく完成するビルは設計者の意欲とは裏腹に、どのビルをどの都市へと置き換えてもまったく違和感がない。消費社会現象と同じように、いや、「暗黙の仮定」もまたひとつの「商品」として、この世界をどこまでも均質化していくように見える。

六　偽物の風景

人間の多様な「場所」性の経験が失われ、世界がどこも似たような平均値へと収束していく現象を、レルフは「没場所性」と定義する。

「没場所性」とは、どの場所も外見ばかりか雰囲気まで同じようになってしまい、場所のアイデンティティが、どれも同じようなあたりさわりのない経験しか与えなくなってしまうほどまでに弱められてしまうことである。（前掲書）

トゥアンが「場所」と対置した「空間」は、未知ではあるが人間にとって能動的に関与可能な未来を孕んでいた。しかしレルフが「場所」に対置する「没場所性」とは、人間と場所との「結びつき」が希薄になり、経験の臨場感を欠いた表層的でまがいものの風景である。そのような「没場所性」は、消費社会の終わりなき浸透によって商品化されていく現代都市において、ごくごくありふれた現象となった。本来、きわめて「場所」的であるはずの居住空間も、例外ではない。

「住まい」の意味は、［中略］感傷の呼びさましと商業化によっても弱められてきた。そこには、世間の「ホーム・スイート・ホーム」への想いを喰いものにしようとするキッチュな骨董趣味が満ちており、その想いはドイツ語のハイムヴェー（ホームシック）、およびハイマート（故郷）の意味に特によく表される。［中略］商業資本がこの「住まい」の考えを売り物にしてしまうのには、ほとんど時間がかからなかった。トロント市の巨大で住む人の姿も感じさせないようなアパートを扱う会社は、「もしあなたがホームと呼べる場所をお望みならご連絡を」という広告を出し、不動産屋は実質的に建物としての家を扱うことをやめてしまった。代わりに彼らは、贅沢なホーム、アパート型のホーム、ハイカラなホーム、タウンハウス型ホーム等々のイメージを売りさばく。「住まい」は市場性と互換性の高い、感傷を呼びおこすような商品となりはてた。（同前）

マンションやハウス・メーカーの商品住宅は、すでに見たように工業製品化によってどこまでも均質化してきた。「場所」の多様性や「時間」性の蓄積を失なうほど、その無個性を隠蔽する口当たりの良いフレーズが要請される。それらは広告メディアの戦略であり、私たちの平均値的な消費者像も、当然ながらそのような空間を享受する。いったい何故、いつからそうなってしまったのか。もっとも濃厚な「場所」性を醸し出すはずの居住空間は、いつから軽薄なイメージを売り物にする商品へと変貌したのか。「近代」から「現代」にいたるまでの地縁・血縁的なコミュニティの崩壊、核家族化とその解体といった社会現象によって、本来「住まい」が担っていた意味と機能との希薄化を一因とすることもできよう。けれど今ここでは確認したいのは、「消費」という概念の変貌と変質である。

現代の私たちが何かを「消費」するという場合、それは近代経済学が教える「需要」と「供給」との関係や、マルクスのいう「使用価値」の範疇を、すでに大きく逸脱している。その商品を必要とする消費者がいる(＝需要)から、その商品が生産され市場に提供される(＝供給)のではなく、何らかの新技術が可能にした新商品が、消費者の欲望を刺激し、大量生産された膨大な物量を消費させるために、広告メディアが活躍する。私たちが日々消費する商品について、それが本当に有用なのか(＝使用価値)という検証は、もはや二次的になりつつある。ボードリヤールが指摘するように、私たちが消費するのは「記号」としての商品であり、数万円もするブランドもののバックも百円ショップのエコバックも、一定の物量を持ち運ぶという「使用価値」は同じであるなどと主張しても、笑われるだけであろう。

ある程度の生活必需品を除けば、私たちが消費するのは、商品そのものの機能や実用性ではなく、その商品を消費することで生れる快感や幸福感、自分は他人とは違う、あるいは他人より高いステージにあるという優越感ではないか。新築マンションの広告にみられる「高級な」「上質な」「あこがれの」といったステレオ・タイプなコピーを持ち出すまでもなく、現代都市をイメージとして消費させるためにも、優越感の演出が不可欠であるらしい。けれど、イメージを消費するとは、どういうことなのか。たとえばどんなに美味しい料理でも、食べすぎて満腹になるにしたがって美味しさは感じられなくなる。そのような現象を経済学では「限界効用逓減の法則」と呼ぶが、ことイメージに関しては満腹というものがない。ある程度の優越感を手にすれば、さらなる優越感が欲しくなる。イメージを消費する人間には、限界も限度も存在しない。

自分は他人とは違うという意識、つまりは「個性」が欲望の対象となる現在、商品は必ずしも大量生産されず、小ロットの限定商品がより多様化された消費者のニーズを満たすようになった。けれどそのような「個性」もまた広告メディアが氾濫させた空疎な「商品」であるとするならば、主体性は消費者の手にあるのではない。では主体性はどこにあるのかと言えば、「消費社会」を制御するのは、今や、古典的な資本家や投資家、企業、広告代理店、行政、消費者団体というような特定の誰かではない。「消費社会」はなにか制御不能な自律的システム、あるいは「見えざる手」のようなものに導かれて、私たちの世界をどこまでも隙間なく商品化していくように見える。

そのような「消費社会」に骨の髄までつかった私たちは、今や、使いふるした道具が手になじむような実感を、商品としての居住空間に見いだすことができない。いや、居住空間にとどまらず、現代都市のすみずみまで、さらには私たちの意識のすみずみにまで、「没場所性」は深く浸透しているとレルフは指摘する。

たとえば現代都市を離れて、観光客となる私たちが手にするミシュランのガイドブックは、限られた時間内でいかに効率的に観光できるかをアドヴァイスする。「その場所がどれほど美しく珍しいものか、また行ってみる価値があるかどうかをみんなが知ることができるようにと、便利な三つの星で区分」(同前)する。そのような数値化は、「場所」の経験がもたらす多様性とは無縁であろう。私たちは「美しい風景」という希少な「商品」を背景にスマートフォンで自分たちを撮影し、フェイスブックに投稿して満足する。

ディズニーランドのような「楽園」も、レルフによれば、「実在の地理的環境とはほとんど無関係な歴史や神話、現実、幻想のシュール・リアリスティックな組み合わせから作られた、不条理な合成された場所」(同前)である。たしかにディズニーランドで私たちが体験するのは、「世界のなかにある」という実感ではなく、いわば「どこでもない場所にいる」という「感動」ではないか。そのような「場所」への愛着を膨らませ、フリーパスを買って通いつめ、その全貌が見渡せるホテルに宿泊したとしても、それは「場所」の体験とは別物であり、ただ「消費」額を膨らませるに過ぎない。ディズニーランドはまさに、「没場所性」の権化のような風景ではないか。

私たちが現代都市におぼえる不充足感、何か別の「生きられる場所」があるのではないかという実感は、レルフのいう「没場所性」の氾濫と無縁ではない。「没場所性」こそは「見えざる手」によって推進される消費社会現象の果てに、私たちの生きる現代都市が、極限まで商品化されてきた結果に他ならない。たいていの「没場所性」が発する「消費せよ！」という信号に、私たちは絶え間なく追いたてられている。そのような現象の根源を、レルフは産業革命と民主主義によって具現化された「近代」にさかのぼって検証した。産業革命と民主主義こそが、現在に至るも果てしなく膨張しつづける消費社会現象と、そのような消費を「欲望」する大衆を出現させたからである。そんな「近代」を生きた荷風は、何も見ないため荒川放水路をさまよったが、彼が見ることを拒否した「百貨店や停車場などで、疲《つか》れもせず我先にと先を争っている喧騒な優越人種」たちの光景とは、荷風にとって、どのように「世界のなかにある」のかを実感できない「没場所性」の風景ではなかったか。荷風の「近代」から私たちの「現代」へと受け継がれたこの世界の商品化は、さらに果てしなく「没場所性」を増殖させていくように見える。そのような状況を克服するために、私たちは何ができるのか。自己愛の巣である自室に閉じこもったり、現代文明を拒否するアーミッシュのような共同体、あるいは閉鎖的なカルト宗教へ参加すればよいのか。いや、それらは現代都市に生きる私たちすべての解決策ではない。ではどうすればよいのかを考えてみたい。

第二章　時間と場所への信頼を回復すること

一　守られていること

現代都市に生きる私たちが忘れつつある「場所」の濃密さ、私たちはどのように「世界のなかにある」のかという実感を、どのように取り戻せばよいのか。骨の髄まで「消費社会」に浸っている私たちに必要なのは、まずは「場所」の豊かな経験、風景と人間との「結びつき」の臨場感を「思い出す」ことではないか。

ガストン・バシュラールは『空間の詩学』のなかで、人間の場所への愛着について、このように考察をはじめる。

……われわれがえらびとったある特定の場所にたいする愛着の一つ一つの陰翳がもつ深い実在を明らかにしようとしたならば、いかに多くの問題が関連してくることであろうか。［中略］陰翳は補足的な表面上の彩色ではない。したがって一切の生の弁証法にしたがいながら、われわれがいかに生の空間にすみ、一日一日と「世界の片隅」に根をはってゆくか、についてかたらなければならない。

このような認識のもとバシュラールは、「世界のなかのわれわれの片隅である」ところの「家」に注目する。

わたくしは、家が、人間の思想や思い出や夢にとって、もっとも大きな統合力の一つであることをしめさなければならない。［中略］人間の生においては、家は偶然性をしめだし、連続性にいっそうの考慮をはらわせる。もしも家がなかったならば、人間は散乱した存在となるだろう。天の雷雨にも、生の雷雨にもめげず、家は人間をささえまもる。家は肉体とたましいなのである。それは人間存在の最初の世界なのだ。性急な形而上学者の主張をかりていえば、「世界になげだされる」まえに、人間は家の揺籃のなかにおかれている。

ハイデガーやサルトルなど、人間は「世界に投げだされている」とする哲学に対し、バシュラールは、人間は家という揺籃のなかに「守られている」とする。家はそれほどまでに、人間存在の根源に関与する。家には「偶発性をしめだし、連続性にいっそうの考慮をはらわせる」時間性が蓄積される。そこに生きているという実感によって、家は人間の肉体やたましいと不可分になる。もっともすべての居住空間が、そのような家であるわけではない。

パリには家がない。大都会の住民たちはつみかさねた箱のなかにすんでいる。［中略］舗道から屋根まで、部屋がかさなりあい、地平線のない空の天幕が町全体をつつんでいる。都会の建物の高さは外面的な高さにすぎない。エレベーターは階段の英雄的資質を破壊してしまう。空の近くにすんでももはやほとんどなんの価値もない。そしてわが家は単なる水平のひろがりにすぎなくなる。［中略］そこでは一切が機械であり、内密な生はいたるところからにげさる。

ここで想定されるのは、アパルトマンのような集合住宅、現代の日本ではマンションの類であろう。それが単なる「外面的な」空間の重なりであり、機能優先を宿命づけられた「機械」であることはすでに見た。さらには「階段の英雄的資質」など、バシュラールの語彙は「詩的」であり過ぎるが、わざわざ『空間の詩学』とことわるように、現代の私たちは「詩的」想像力の助けなしに、もはや「場所」の経験にふれることが困難なのかもしれない。そこで誰でもが「思い出せる」家として、バシュラールは「生家」をあげる。

生家のなかには、保護という一切の現実的な価値を超越した夢の価値が確立される。家がもはや存在しないときにもなおのこる最後の価値が確立される。退屈の中心と孤独の中心と夢想の中心があつまって夢の家をつくりあげるが、これは生家のなかに散乱した思い出よりも永続する。この夢の価値を決定し、思い出が根ざす夢の土地の深度を測定するには、長期の現象学的研究が必要であろう。

人間には誰にも、生れた家がある。実際に生れたのは産院であっても、そこから戻り、幼少年期をすごす場所である。国や地域、時代状況により、その家が戦争や飢餓にとり囲まれていたとしても、親に庇護されている幼児には、絶対的な安息の場所ではないか。けれどバシュラールが着目するのは、幼少年期の人間が現に体験している生家ではなく、成長した人間が回顧してみる生家のイメージである。たいていはその家を出ているか、遠くに離れていたりする。すでに建築としては存在しないこともあろう。幸福なことに何十年もずっと生家で暮らしつづける人間にとっても、その家はすでに幼少年期に体験した生家ではなく、あくせくと生活を維持しなければいけない現在の活動拠点であろう。しかしどのような場合であっても、人間は「退屈」で「孤独」で夢ばかり見ていた自分の幼少年期の濃厚な記憶をたどることができる。現在はそのすべてが失われているとしても、その記憶の価値を否定することはむずかしい。なぜならば生家には、単純に親などによって庇護されていたという事実を超えて、その「場所」、すなわち幼少年期にとっての世界にたいする、絶対的な「信頼」を見いだすことができるからである。

巣を考察するならば、われわれは世界にたいする信頼の根源に達し、信頼の糸口をつかみ、宇宙にたいする信頼への招きをうける。世界にたいして本能的に信頼をいだいてなかったならば、鳥は巣をつくったであろうか。[中略]潜在的な夢幻の力で把捉されたわれわれの家は世界のなかの巣である。

果たして私たちは、現代都市に暮らし、鳥が巣作りするように自分たちの家をつくり上げるわけではなく、ただ消費するべき商品として与えられる私たちは、このような世界への「信頼」を持ちうるであろうか。たしかに毎朝、駅にゆけば電車が来るし、横断歩道の信号が変われば車は歩行者のために停車するという程度の「信頼」はある。けれどバシュラールが私たちに思い出させようとするのは、特定のある「場所」によって私たちが守られていたという、世界への絶対的な「信頼」である。幼少年期の私たちは、たしかにそのような「信頼」を無自覚ながらに持ちえていたのではないか。けれど多忙な現代人は、自分の幼少年期などゆっくりと回顧している余裕はなく、ほとんど忘れてしまったと嘯《うそぶ》くかもしれない。思い出すためには、バシュラールのいう「詩的」な想像力が必要なのであろうか。いや、私たちの生家にまつわる幼少年期の記憶について、具体例を探してみよう。

二　黄金時代のディテール

私たちが生家に信頼を抱くことができるのは、そこで過ごした幼少年期が人間にとって、ある意味での黄金時代だからであろう。そこにはまだ充分な過去は蓄積されず、永遠と思えるような現在や、これから起こる出来事への期待が満ちており、時間性はむしろ未来にむけて蓄積されていた。

ジェイムス・ジョイスの『ユリシーズ』とともに、二十世紀を代表する長編小説とされるマルセル・プルーストの『失われた時を求めて』には、そのような黄金時代の詳細が描かれる。長過ぎるわりに筋が展開せず、退屈のあまり諦めてしまったという挫折の対象でもあるが、そんな読者にしても、冒頭近くに語られる「スワンの家のほう」と「ゲルマントのほう」という、二つの散歩ルートについては覚えているに違いない。

コンブレー周辺に散歩にゆくときは二つの「ほう」しかない。その二つはまったく逆方向なので、そのどちらかにゆくとき、同じ門から出ることはなかった。ひとつはメゼグリーズ・ラ・ヴィヌーズのほうで、スワンの屋敷の前を通るので、スワンの家のほうとも呼んでいた。

もうひとつがゲルマントのほうだった。
(『スワンの家のほうへ』高遠弘美訳)

コンブレーはパリから西南に約九十キロ、主人公の父方の叔母の家があり、夏の休暇など、主人公が幼少年期をすごした小都市である。現実のモデルはイリエという町名であったが、プルーストの名声にあやかって現在は「イリエ・コンブレー」に改称している。小説に登場する教会をのぞいてはあまり特徴のない田舎町で、グーグル・アースの航空写真を見れば、周囲を農耕地に囲まれた典型的なフランスの地方都市であるとわかる。それでも第二次世界大戦中、イタリア軍の空爆を受けている。

スワンの家のほうについては、たとえばこのように記述される。

小径には山査子の香りがうるさいほど漂っていた。生け垣は、小聖堂《シャペル》が続いているようにも見え、小聖堂《シャペル》はやがて仮祭壇《ルポゾワール》[聖体仮安置所]の形に積み上げられ撒き散らされた花に隠れてゆく。太陽はまるでステンドグラスを通ってきたかのように、花の下の地面に光の碁盤目模様を描いていた。
(同前)

同様に、ゲルマントのほうについても引用しておく。

川の対岸は低く、広大な草地になっていて、村や、そこから遠い駅まで続いている。草に半ば隠れる格好で、いにしえの歴代のコンブレー伯爵の城跡が点在していた。中世には、城のこちら側ではヴィヴォンヌの流れが楯《たて》となって、ゲルマント諸侯やマルタンヴィルの僧院長らの攻撃から城を守っていたのだ。

（同前）

小説では正反対の方角に描かれる二つの散歩ルートは、実際に地図上で見れば正反対ではなく、散歩の途中までは、かなり近い方角にあたる。何故ならば「……のほう」という感覚は、地図によって認識されるような「空間」概念ではない。何よりもそれは幼少年時代の主人公がはじめて触れて見る建築や街路、川と橋、路傍の草花や樹木などによって構成される臨場感であり、その名前に刻まれた歴史であり、そのすべてが主人公の夢想をかり立てる「場所」性であった。

その後の小説の展開において、二つの「ほう」は、主人公の人生に決定的な基盤を与える。二つの「ほう」が象徴する世界の間で、主人公は揺れ動くことになる。けれど、ここで確認したいのは、このふたつの「ほう」によって、主人公は「場所」、つまりは幼少年期における世界にたいしての「信頼」を獲得したとする記述である。

私は、自らの精神の土壌の奥底にある鉱脈や、私が依然として自分の基盤を置いている鞏固な地層に思いを馳せるように、メゼグリーズのほうとゲルマントのほうのことを考えているはずなのである。それら二つの方角が私に教えてくれた事物や生ける存在だけを私は正面から受けとめ、そこに喜びを見いだしているのだが、それは二つの散歩を通じて、私が事物や生ける存在を信じるに至ったからにほかならない。（同前）

バシュラールのいう世界への「信頼」、人間がそこに守られていると実感する「場所」性の本質を、間違いなくここに見ることができよう。『失われた時を求めて』の導入部は、そのような「場所」への愛着を描くことに集中し、小説としての展開は二の次になる。いや、「場所」のディテールを描くことは作者の重要な関心事なので、それを味わうことなしに『失われた時を求めて』を読むことはできない。

コンブレーの叔母の家の二階の部屋で、夜、なかなか眠りにつけない主人公が、窓をあけて外部の「世界」へと想像力を膨らましていく一節は、この小説序盤の白眉であろう。

私は窓を開けてベッドの足もとに腰を下ろし、階下の人たちに聞こえないように音も立てず、ほとんど体を動かさなかった。窓の外ではあらゆる事物が、月光を乱さぬように注意を払って、私同様に沈黙のうちに固まったかに見えた。ひとつひとつの事物を照らす月の光は、濃密でくっきりした反射光を事物の前方に投げかけるので、事物は二重になったり、後退したりするがごとくに見え、風景はそのせいで厚みを奪われると同時に、ちょうど、それまでたたまれていた地図を広げるときのように、拡大してゆくようにも感じられた。もちろん、マロニエの葉叢《はむら》のように動かずにはいられないものは動くのだが、細やかなその震えは葉叢全体におよんで、微細きわまる繊細そのものの動きを収斂していたから、葉叢以外の部分ににじみだすことも、互いに混ざり合うこともなく、ただ葉叢の範囲内にきちんととどまっていた。はるか遠くの物音、きっと町の反対側にあるいくつかの公園から届いたに違いない物音は、どんな音も吸い込んでしまうことのない静寂のうちにさらされて、「もののみごとに」細部まで聞き取れるので、そのように遠くから聞こえてくる感じがするのは、国立高等音楽院《コンセルヴァトワール》のオーケストラが弱音附きの楽器で演奏するモチーフがあまりにすばらしいため、聴衆は一音も聞き逃してはいないのに、コンサート会場から離れた場所で聴いているようにも思うのと同じように、あるいは、そのオーケストラの昔からの定期会員であれば誰でもが――スワンが切符をくれるときは私の祖母の妹たちも含めて――あたかも、遠くを進んでいて、まだトレヴィス街を曲がっていないと思われる軍隊の行進の響きを聴いているかのように耳をそばだてるさまにも似て、すべてはピアニシモのせいに違いないと思われた。（同前）

自分の部屋の寝台の上から、窓の外へ、月光と庭の樹木を経て街路や街の全体へと、世界への「信頼」がひろげられていく。永遠に続くかのように思われる現在が、主人公をいつまでも眠らせない。過去への郷愁とも、未来への不安とも無縁である。幼少年時代は誰にとっても、そのような黄金時代ではなかったか。もちろん、私たちの誰もが、自分自身の幼少年期を、このように見事に記述できるわけではない。プルーストの描く建築やインテリアや街路など歴史を秘めた風物と比較するに、私たちの幼少年期にまつわる風景は、あまりに貧しいのかもしれない。もっとも現実のコンブレーが、プルーストの描いた通りの街であったわけではないらしい。実際にイリエ・コンブレーを訪ね、プルースト記念館でここに記述される部屋を見聞した日本のある小説家は、「見なければよかった」というような感想を述べている。ともかくも必要以上にプルーストの筆力に気遅れすることなく、私たち自身の幼少年期の記憶をたどってみれば、プルーストが記述する、たとえば自分の家の扉やドアノブへの絶対的な信頼のような具体例を、私たちの誰もが「思い出す」のではないか。

私の部屋のあのドアノブは世界中のどんなドアノブとも違って、わざわざ回さなくてもドアがひとりでに開く。そう思われるほど、ノブを手で回す動作が無意識のうちになされていた。

（同前）

私たちの幼少年期にまつわる風景が、田畑と畦道と木造の小学校舎か、または番号を付した団地やアスファルト舗装の通学路であるにしても、それらこそが私たちが守られていた「場所」であり、世界への信頼を獲得した黄金時代の風景であったに違いない。実際に『失われた時を求めて』を読み進む読者の多くは、プルーストが描く幼少年期に共振するように、自分自身の黄金時代を思い出すという。

なぜならば私の考えでは、彼らは私の読者ではなくて、自分自身のことを読む読者だからだ。私の本は、コンブレーの眼鏡屋がお客に差し出すような、一種の拡大鏡にすぎないのである。
（『見出された時』鈴木道彦訳）

このように書くプルーストに導かれて、もう少し『失われた時を求めて』を読み進めてみよう。

三　「場所」に所属する生

人間の幼少年期が、たとえば生家のような「場所」に守られ、世界への信頼を獲得する黄金時代であるとしても、私たちはいつまでもそこにとどまることはできない。成長するとともに未知の「空間」へと出てゆき、その「空間」を「場所」化する闘争を生きることになる。生まれ育った町や村を出て、現代都市に勉学や仕事のチャンスを求める人間は、後ろに置いていく「故郷」には幸福だった自分が残されていて、そこから離れていく自分はもはや自分ではないのかもしれないという苦悶を覚えることもあろう。もちろん都市に生まれ、そこで生長していく人間にとっても、黄金時代との離別はそれなりの苦痛をともなう。

けれど『失われた時を求めて』には、黄金時代から引き剥がされずに存在しつづける人間が登場する。すでに十代半ばに成長したらしい主人公が、療養のためにパリから海辺の街バルベックに向かう途中、早朝に停車する駅での挿話は、『失われた時を求めて』全篇のなかでも、きわめて印象的である。

山と山との挟まれたその小さな駅に汽車が止まると、渓谷の急流沿いにたたずむ番小屋から、ひとりの大柄な娘が出てくる。

娘は[中略]朝日が斜めに照らし出す小径づたいに大きな牛乳の壺をさげて駅のほうへやって来る。山に囲まれて他の世界から遮られたこのような渓谷では、娘が出会う相手といえば、いっとき停車する汽車の乗客だけであろう。娘は車両に沿って歩き、目を覚ました乗客たちにつぎつぎとカフェオレを渡してゆく。朝の光に赤々と照られた娘の顔は、空よりも鮮やかなバラ色に染まっている。この娘を前にして私は生きる意欲を強く感じた。

(『花咲く乙女たちのかげに』吉川一義訳)

駅というからには乗降客がいてもよさそうだが、見渡す限り渓谷には番小屋が一軒あるばかりであった。その番小屋の娘が、汽車の乗客にカフェオレをサービスをする。もしかしたら汽車は、このサービスを受けるためだけにこの駅に止まるのではないか。娘にはいっしょに暮らす家族があるとしても、汽車の乗客以外には、外の世界と接する機会はない。都会育ちの主人公ならば手に入るさまざまな「情報」や「交流」とも無縁であろう。けれど娘は無力であるどころか、大柄でたくましく、神々しくさえ見えるのである。

この娘はほかの女性とは違うと私に信じこませた点で、娘の魅力にはこの土地の野生の魅力がつけ加わっていたのかもしれないし、娘のほうもまた自分の魅力を土地に与えていた。せめてこの娘といっしょに人生の一刻一刻をすごすことができるなら、娘とともに急流のもとへ、雌牛のもとへ、汽車のもとへと歩いてゆけ、つねにそばにいて娘から一目を置かれ、娘の頭のなかに然るべき場所を占めることができるなら、人生はどれほど楽しいものに思えることだろう。（同前）

外部世界から隔絶された渓谷に暮らす娘は、そこで生まれ、そこから離れることもない。まさに「場所」と一体化した人間であり、「場所」そのものを生きている。その圧倒的な存在感が、主人公をつよく魅了する。

私は娘にカフェオレを持って来るように合図をした。娘に気づいてもらわねばならないのに相手は気づかないので、声を出して呼んだ。非常に大柄な身体のうえで顔は、黄金色にかがやき、バラ色に染まり、照り映えるステンドグラスごしに眺めているような案配である。娘はこちらに引き返してくる。私はその顔から目を離すことができなかった。顔はしだいに大きく、太陽のようになり、じっと見つめることができそうなのに、そばに近づいて間近に眺められるようになると、その金と赤の輝きに目がくらんでしまう。娘が私のうえに射抜くようなまなざしを投げかけたとき、乗務員たちが一斉に昇降口のドアを閉め、汽車は動きだした。駅舎を出てもとの小径をひき返してゆく娘の姿が目に入った。（同前）

「場所」を生きている娘に対し、成長することですでに黄金時代の「場所」性を失いつつある主人公の弱さは、娘の自信にみちたまなざしを受けとめることができない。もう少しでも停車時間が長く、なにか言葉を交わすことができたとしても、結果は同じであったろう。それでも主人公は、娘を忘れることができなかった。

汽車がスピードを上げてゆくあいだ、なおも私は美しい娘に見とれていた。この娘は、私の知っている生活とは細い境界線で隔てられたべつの生活の一部のようで、その生活ではさまざまなものに呼び覚まされる感覚はもはや同じではなく、今その生活から出てゆくのは自分自身と訣別するに等しいことに思える。そんな生活とすくなくとも縁が切れたわけではないと感じて安心するには、この小さな駅のそばに住んで毎朝この田舎娘にカフェオレを注文できるようにすれば充分だったかもしれない。ところが残念なことに、ますますスピードを上げる汽車に運ばれてゆくべつの生活のなかに、やはり娘はいない。そんな生活をやむなく受け入れるには、いつかこの同じ汽車に乗り、この同じ駅に立ち寄ることのできるプランを練り上げるほかない。

(同前)

主人公が夢想するように、この渓谷にとどまり、娘といっしょに生活したとしても、都会育ちのよそ者でしかない彼にとって、人里はなれた渓谷は「場所」化するには過酷であり、足手まといな食客となるのが精々であったろう。成長することですでに「出発」してしまった主人公にとって、「場所」そのものを生きている娘は、自分自身の黄金時代の記憶を呼びさますものであっても、彼自身はもう、そこに立ち返ることはできないのである。

蛇足ながら、ボブ・ディランのアルバム『欲望』に収められた「One More Cup of Coffee」(邦題「コーヒーをもう一杯」)は、プルーストのこの渓谷の娘の挿話に触発されたものではないか。多くの崇拝者によって論じつくされているディランなので、すでに指摘されているかもしれないが……。

四　習慣と永遠

「場所」への愛着のディテールを幾重にも記述する『失われた時を求めて』において、「時間」性はどのような役割を与えられているのか。たとえばコンブレーという小都市を象徴する教会の鐘塔を描きながら、プルーストはそこに統率される時間に言及する。

コンブレーのすべての仕事、あらゆる時間、ありとあらゆるものの見方に、それなりの形を与え、みごとにまとめあげ、聖なるものにするのはサン・ティレールの鐘塔だった。私の部屋からは、スレートを葺《ふ》き直した塔の土台部分しか見えない。だが、朝から暑い夏の日曜日など、スレートが日食のときに中空で燃え上がる黒い太陽のように見えると、私はこう独りごちた。「いけない。もう九時だ。したくをして荘厳ミサに行かないと。その前にレオニ叔母さんにキスをしてくる時間があるといいんだけど」。広場に射す日光の色も、市場の熱気や埃っぽさも、店の日よけでできる影も、私にははっきりわかっていた。母はたぶんミサの前に、オランダ布［晒《さら》していない亜麻布］の匂いのするその店に入って、ハンカチか何かを買うだろう。店の主人は仕事着のときとは違い、胸を張って、母に品物を見せる。主人は店じまいをしようとして、店の奥の部屋で日曜日用の上着に腕を通し……

（『スワンの家のほうへ』高遠弘美訳）

ここに記述される時間は、具体的な日常における時間、あるいはルーティンな日常をかたちづくる時間である。日曜日になれば確実に荘厳ミサが行われ、その日に母がとる行動や、店の主人の普段とは異なる身支度にいたるまで、すべてがありありと予想できる。過去がそうであったように現在もそうであり、現在がそうであるように未来もまたそうであることに疑いの余地はない。コンブレーを絶対的に統率する鐘楼が、間違いなくそうであることを保証する。

つねに立ち返るべきは鐘塔そのものであり、すべてを支配しているのはどんな場合でも鐘塔にほかならない。（同前）

鐘塔とは言うまでもなく、決まった時間に鐘を鳴らすことで時間を支配する存在である。主人公を含むコンブレーの住民にとって、鐘塔という絶対的な座標軸への信頼は、その日常が営まれる「場所」性への信頼と見事に重なり合う。

比較するに、現代都市を生きる私たちはどうか。私たちも同じように、月曜の朝には嫌々ながらも決められた時間に起床して、たいていは食事をし、身仕度をして仕事場や学校に出かける。そのような日常が、週末まで続く。間違いなく続くことを疑わない。けれどそんな私たちに、コンブレーの鐘楼が保証するような絶対的な時間性があるわけではない。私たちが頼りにする時間は、朝のニュース番組の画面やスマートフォンに表示される。それは具体的な「場所」性からは浮遊した数値であり、誰にとっても平等にして正確であるが、その秒単位の正確さは、決して私たちに、コンブレーの住民が享受するような一体感を生み出すことはない。私たちの日常を支配する時間は、どのような「場所」性にも所属しない抽象的な時間である。

もちろん『失われた時を求めて』の主人公にしても、いつまでもそのような絶対的な時間性にとどまることはできない。いや、鐘楼が支配するルーティンな日常が永遠に続くかと思われたのは、主人公が幼少年期の黄金時代に属していたからであり、しかし彼もまたその幼少年期に別れを告げ、さまざまな「空間」を生きることになる。

このときからずいぶん多くの歳月が過ぎ去った。二階に上がってくる父の蝋燭の光に照らされていた階段の壁はかなり以前からもうない。私のなかでも、永遠に続くはずだと信じていたたくさんのものが消滅する一方、新しいものが次々と打ち立てられ、当時は予想もつかなかった新たな苦しみや喜びが生まれてきた。変化は古い悲しみや喜びにも及んで、それらはもはや理解するのも難しくなってしまった。

（『スワンの家のほうへ』高遠弘美訳）

コンブレーの黄金時代から離れるにつれ、『失われた時を求めて』は長編小説としての長くゆるやかな展開をつむぎ始める。そこにはもはや、コンブレーを支配していた鐘楼のように頼るべき座標軸は存在しない。たとえば『花咲く乙女たちの影で』の主要な舞台となる海辺の保養地バルベックで、主人公が滞在することになるホテルは、愛すべき「場所」に「守られてきた」主人公が、はじめて体験する敵意にみちた「空間」であった。

部屋にあふれる家具調度は、私のことを知らず、私がそれらに投げかける不審の眼《まなこ》を投げ返してくるだけで、私の存在などまるで意に介さず、むしろ私のせいで自分たちの単調な生活がかき乱されると証言していた。［中略］私はぐったりと疲れ、おびえ、たえず鼻をぐずぐずいわせて息をするのが関の山だった。敵陣に包囲されて危険にさらされ、骨の髄まで熱に冒される以外に、もはや世界も部屋も身体も存在しないかと思えた私は、ひとりぼっちで、死んでしまいたいほどだった。

（『花咲く乙女たちのかげに』吉川一義訳）

主人公が病弱であり、このバルベック滞在が保養を目的としていたことを差し引いても、コンブレーの部屋のドアがひとり手に開いたのとは対照的であろう。もちろん、現代都市を生きる私たちにしても、たとえば転校して初めて入る教室や、新しく配属された職場の居心地の悪さ、周囲の人間がみなよそよそしく思えるような感覚は、誰もが経験するものではないか。けれどたいていは時間がたち、新しい日常がそこにつむぎ出されることで、不安は徐々にうすれていく。病弱な主人公にしてもバルベック滞在が日を重ねるにつれ、敵意にみちていたホテルの部屋はすこしずつ寛容になり、一日が終わり帰りついたときには、ほっと一息つける「場所」へと変化していった。そのような時間の蓄積が生み出す業を、プルーストは「習慣」と名づける。

習慣！ 腕の立つ調整係だが仕事が遅いので、最初は仮住まいのまま何週間も私たちの精神は苦しまざるを得ない。それでも、精神からすれば、習慣と出会うことができれば幸せである。習慣の力を借りることなく自分の持っている手段だけで対処しようとしても、精神は、ある住まいを実際に住めるものにすることすらできないだろう。

（『スワンの家のほうへ』高遠弘美訳）

たしかに習慣は私たちにとっても、未来へのある程度の信頼を約束する。日常が日常であるためには、なんらかのルーティンな行動や心理が必要であり、それが私たちに、地に足をつけているような安心感を与える。そうでなければ、私たちは常に「非常時」を生きなければならない。地震や豪雨に際して役場や体育館などへ避難した人間が、最低限の衣食住を確保されてもなお健康を害するのは、当たり前な日常と、そこに繰り返されるはずの習慣を奪われてしまうからではないか。

けれど習慣は、コンブレーの鐘楼がルーティンな日常を永遠に支配していたのと比較するに、はるかに弱く、脆いものである。すでに幼少年期から出発した人間にとって、習慣とは、個人的な努力や忍耐、あるいはただの偶然や人生の束の間の平穏に支えられているに過ぎず、誰の人生にも起こりうる気の迷いやストレス、もちろん天災などによっても、簡単に打破されてしまう。『失われた時を求めて』においても、主人公はそばにいるのが当然の「習慣」であった恋人の失踪に、深い衝撃を受ける。

アルベルチーヌが傍にいるということ。それがごく当たり前の習慣になってしまっていた私は、いまま、「習慣」というものの新たな顔を突然見せられたような気がした。［中略］習慣とはいまや、人間から離すことなどできるはずもない恐ろしい神のように思われたし、これといった特徴のないその顔は私たちの心のなかに驚くほど深く入り込んでいるので、姿のはっきりしないその習慣の神は、ひとたび顔を背けて去ってゆくときには、私たちにこれ以上ない苦痛を与え、死と変わらぬ残忍さを発揮するものだということがわかったのである。

（『消え去ったアルベルチーヌ』高遠弘美訳）

人間の生の長さと比較するに、習慣が持続する時間は短く、日常生活や環境の変化に逆らってまで一定の習慣に固執するのは、苦痛なだけではないか。けれど、それでは何故かの谷間の少女にあっては、単純な日常の反復である習慣が、永遠と見まがうほどの力強さをもっていたのか。彼女が生れ育った「場所」と一体化していることには、もうひとつ、別の理由があるように思える。

言うまでもなく、人里離れた谷間の小屋には鉄道が引かれたという以外、まだ近代社会が到達していない。近代社会を定義する産業革命も民主主義も、そこから生み出される「消費する大衆」も、さらには若い男女が日常的に出会ったり別れたりするような環境も、彼女の生活圏を侵食してはいなかった。比較するに、コンブレーの鐘楼が支配する永遠性を主人公が喪失したのは、単に彼が黄金時代を出発してしまったからだけではなく、成長した彼が生きていかなければならないのが、まがうことなき近代社会であったからではないか。「ここにはもう生きられる場所がない」と荷風を慨嘆させたらしい近代社会が、プルーストにとって、どのような時代であったのかを見ておこう。

五　パリの憂鬱

マルセル・プルーストは一八七一年、パリに生れる。明治十二年生まれの荷風より、八歳年長である。父は有能かつ著名な医師、母はユダヤ系の裕福な株式仲買人の娘であった。因みに哲学者のアンリ・ベルグソンの妻は、マルセルの従姉妹にあたる。

マルセルが生れた時、パリは独仏戦争やパリ・コミューンの脅威にさらされていたため、両親はパリ郊外のオートゥイユの親戚の家に避難した。しかしその後はパリ八区のマルゼルブ大通りのアパルトマンに長く住んでいる。かのオスマン男爵のパリ大改造がもたらした新興地区であった。

フランスの近代化は明治日本よりも遥かに複雑な紆余曲折をたどる。一七九二年、フランス革命により王政が廃止され、第一次共和政が誕生した。しかし強権政治で知られたロベス・ピエールが失脚し、ヨーロッパの君主たちからは反革命の戦争をしかけられる。その危機的状況をついてナポレオン・ボナパルトがクーデターを起こし、一八〇四年、第一次帝政となる。ナポレオンは勇んでヨーロッパ諸国への反撃に出るが、ライプツィッヒの敗戦によりわずか十年で退位、その後の王政復古では制限選挙ながら立憲君主制となり、法の下での平等や出版の自由が認められた。しかし産業革命により勃興してくるブルジョアジーは選挙制度改革を要求して立ち上がり、一八四八年革命によって第二次共和政となる。しかしこれもまた長続きせず、選挙で圧倒的な支持を得て大統領となったルイ・ナポレオンが、一八五一年、国民投票により皇帝ナポレオン三世として即位する。その指示のもと、パリ市長オスマンによってパリ大改造が進められた。その目的は第一義には、皇帝を民衆の蜂起から守ることであり、民衆がバリケードをつくりやすい細く入り組んだ街路は解体され、直線的な大通りが何本も開通した。もちろん、日当たりの悪い路地は非衛生的であり、日照と通風をもたらす大通りは、都市衛生や防災にも貢献する。オスマンによって駆逐されたパリの路地裏は実に全面積の七分の三にもおよび、その苛烈さは、ボードレールを悲嘆させるに充分であった。

……古い巴里の面影はすでにない。(ああ、街の姿は人の心よりも早く変わる!)

私は心の中に、思いうかべた。バラックの集団や、粗末な大斗や柱や、草むらや、溜り水に浸されて青くなった巨大な石塊や、窓ガラスの中に輝く、雑然とした骨董品を。

そこには、その昔、動物の見せ物小屋が立っていた。ある朝、透きとおるような寒い大空の下に、一日の仕事はめざめ、ごみ棄場は、しづかな大気の中に黒い煤烟を吐き出す、そうした時刻に、ふと私は眼にしたのである。

檻からぬけ出した一羽の白鳥が、蹼《みずかき》のある足で乾いた舗道の上をふみながら、凸凹な土の上に、大きな翅を引きづってゆくのを。水のない流れのほとりで、白鳥は、嘴を開き、埃の中で、神経質にその翅を洗いはじめた。

そして生れ故郷の美しい湖に思いを馳せながら云うのであった。「おお水よ、いつ瀧なす雨を降らしてくれるのか、雷よ、いつ轟きわたるのか。」奇異な宿命的な神話のようなこの不幸な鳥が、

（「白鳥」『悪の華』所収　矢野文夫訳）

この詩が捧げられたヴィクトル・ユゴーは、ナポレオン三世に追放されて英領ガーンジー島にいたが、ボードレールはそのユゴー宛の手紙に、このようにも書く。

あなたが追懐や郷愁の念を感じておられるとも、伝え聞いています。［中略］もしこれが本当だとしても、このみじめで、たいくつなパリ、このパリ＝ニューヨークに一日をすごされるだけで、完全に癒《なお》ってしまわれるだろうと思います。私にしても、ここで果たさねばならぬさまざまな義務がなかったら、世界の端まで行ってしまうでしょう。（全集Ⅱ）

新時代のパリをニューヨークと比較して当てこするように、ニューヨークのマンハッタン島は、アヴェニューとストリートによって正確なグリッド・パターンを形成する。一八一一年委員会計画により推進された理念的な都市計画であり、その後のニューヨークの歴史的経済的発展に寄与したことは論をまたない。けれどほとんどが農場であったマンハッタン島と、歴史的な陰翳をもつパリとでは事情が異なる。駆逐されるのは街路や建築だけではなく、そこに暮らす人間たちの生活や文化であった。既存の市街を直線的な大通りが貫通していく様は、近代東京でいえば、荷風が呪った明治の市区改正や、関東大震災後の放射線・環状線という現在までも整備がつづく計画道路を思わせる。なぜ「大通り」なのかと云えば、その幅員は交通量すなわち物流のキャパシティであり、直線的であることは当然ながら動線の効率性を意味する。小学生が学ぶように、移動時間は直線がいちばん早い。既存の街路や地形・地勢に関わらず、まっすぐに線引きされる計画道路は、まさに「空間」的であり、ボードレールが偏愛した「場所」的な路地裏を「計画」的に駆逐していったのである。

もっともオスマンのパリ改造は、パリが近代都市へと変貌する大きな経緯となった。近代都市、すなわち産業革命を遂行するにふさわしい都市である。まだ即位前、産業革命において先行するイギリスのロンドンにあったルイ・ナポレオンは、その発展振りに魅了される。

……彼（ルイ・ナポレンオン　引用者注）は［中略］、ロンドンの持つような優雅さを首都パリにも与えたいと願っていた。一八五〇年のロンドンには、千五百のガス燈、六百の郵便局、千の乗合馬車、五千の貸馬車があって、その点だけでも当時のパリをはるかに凌いでいた。一日も早くそれに追いつかなくてはならなかった。

（河盛好蔵『パリの憂鬱』）

オスマンはさらに上下水道の整備や、学校、病院など公共施設の拡充もはかった。電話網の整備に関しては、パリはロンドンに先駆けてもいる。またパリを起点として、フランス全土に鉄道網が整備されていったのもこの時代である。

ナポレオン三世はクリミア戦争などの外征により高い人気を誇ったが、メキシコ出兵失敗後は、人気維持のために一八七〇年、独仏戦争に走らざるを得ず、しかしセダンの戦いで捕囚され失脚する。その後は臨時政府（第三共和政）が戦争を受け継ぐが、プルーストの生年にはパリを占領されて降伏した。この第三共和政の時代、小党乱立により政権は安定せず、頻繁に内閣が交替する。それでも第二帝政時代に工業化への布石が敷かれたことで、パリは近代都市としての体裁を整えていく。

六　消費社会の情景

ボードレールが偏愛した路地裏を破壊して生まれた地区にあって、プルースト一家はパリ新世代の典型であった。その名もオスマン通りには、プルースト誕生の六年前、元祖百貨店オ・プランタンが誕生している。「百貨店や停車場などで、疲《つか》れもせず我先にと先を争っている喧騒な優越人種」と荷風が呼んだ消費社会を、プルーストはこのように描く。

ヴェルデュランの奥さまが最近お買いになったお屋敷には電気の照明が入るってお聞きになりました？［中略］どの寝室にも電灯がついていて、その光は笠で和らげられるそうです。もちろん、魅力あふれる贅沢ですわ。そもそも現代の女性はなんとしても新しいものを欲しがりますからね、たとえ新しいものがもうなくなっても。わたしの友人の義理の姉妹で、自宅に電話を引いたかたがいらっしゃいます。自宅から出なくても、出入りの商人に注文ができるんですって！

（「花咲く乙女たちのかげに」吉川一義訳）

ここに語られる電気や電灯、また電話は、都市インフラや歴史的発明品というよりも、ご婦人方を魅惑する流行の最先端、つまりは欲望の対象となる「商品」であるらしい。勃興するブルジョア層を象徴するヴェルデュラン夫人は、主人公が敬愛するゲルマント公爵夫人のような貴族階級がゆるやかに衰微していくのと入れ替わり、小説が展開するにつれ急速に地位と名声を高めていく。一八九七年のパリの電話加入者は四万四千人。当時のパリの人口は二百数十万であり、電話加入者には公共施設や商業者の比率が高かったに違いなく、一般家庭への普及率はせいぜい一〜二パーセントではなかったか。まさに憧れの贅沢品であった。

さて、パリの新興地区に育ちながらも、プルーストにとってパリの近代化は、忌まわしい風物の変化をもたらした。『失われた時を求めて』の主人公は、ゲルマント公爵夫人やスワン夫人となったオデットの優雅なファッションに魅せられるが、オ・プランタン百貨店で売られる商品は、産業革命によって大量生産される工業製品である。例えば婦人服にしても、前時代の一品生産品のもつ優雅さとは別物であった。

……何とひどいことになったものか、と私は心のうちで呟《つぶや》いた。［中略］おそらく私は年をとりすぎたのだろうが、女性たちが布製ではないドレスに苦しそうに身を包んでいるような世界は私向きではないのだと思う。［中略］鳥小屋や菜園を所狭しと帽子に乗せた醜い女たちばかり眺めている今の人びとが、薄紫色のキャポットだけ、あるいは、アイリスの花を一輪だけまっすぐに立たせた小さな帽子をかぶったスワン夫人を見て、どうしてその魅力を感じとることができるだろう？　同様に、冬の朝、川獺《かわうそ》の毛皮のパルトーをまとい、山鶉《ペルドリ》の羽根飾りを二本立てたベレーだけをかぶり、徒歩でやってくるスワン夫人と出会ったときに覚えた感動を、彼らに理解させることができるものだろうか？

（「スワンの家のほうへ」高遠弘美訳）

『失われた時を求めて』は、主人公の一世代前のスワンの恋の物語から、第一次世界大戦後までを描いており、主人公自身の成長体験とともに、失われていく時代性が描かれる。前世代の優美な文化が失われていくことへの主人公の嘆きは、荷風が江戸文化や明治東京に抱いていた郷愁に近似する。西と東とで多少の時差はあれど、荷風が追慕したのも、プルーストと同じく、ひとたび消え去ってしまえば永遠に再生することができない類のものであった。

　これを思うと二十年前［中略］、偶然茶屋の一室に膝を交えた人々は、皆東京に生れ、東京より以外の事はよく知らないものばかりであった。洒落も冗談も愚痴も述懐も自慢話も、一言半句誤解せられる心配がなく、互に言外の意味をも察し合うことができるので、座中自《おのずか》ら一味の情趣の動き来《きた》るのを覚えるのであった。人世談笑の楽しみの忘るべからざるは蓋しこの情味あるが故ではないか。然るに時勢と共に人情もまた変じたので、今日この楽しみを求めようとしても最早得べからざるものとなった。

（「きのふの淵」『冬の蠅』所収）

因みに荷風のフランス滞在は、第一次世界大戦開始の数年前、一九〇七年の七月、不出来な息子の将来を案じた父の配慮で、横浜正金銀行のリヨン支店に配属されたことによる。しかし翌年三月には辞職し、二カ月ほどパリに遊んでいる。

……小生は曲《まが》りくねりたる巴里の小路《こうぢ》の安泊《やすどま》りのさまを忘れ得ず候。其の名のみは何々ホテルと壁の上に書きたる文字《もんじ》さえ半《なか》ば剥《は》げて見え分《わ》かぬ戸口を入《い》れば、帳場には髪の毛汚《きたな》き老婆か、さらずばいつも襟付けたる事なき下着一枚の男控へ居り候。サッフオーが芝居にて見る如き螺旋形《らせんがた》をなしたる梯子段を上《あが》れば、手摺《てず》れ古びて鼈甲《べっかふ》の如く輝ける木製の寝床《ねどこ》、曇りし鏡、色あせたる窓掛《まどかけ》なぞに、殊更狭く見ゆる天井低き一室の有様は、芝居の大道具然たるサロンのさまよりも如何に趣味深く候ぞ。

（「ひとり旅」『ふらんす物語』所収）

ボードレール等から予備知識を得ていた荷風は、やっと見ることができたパリの下町を、味わいつくすように実体験する。その一方でオスマンの改造によって力強く発展していく近代都市パリにも、目を奪われざるを得なかった。

シャンゼリゼーの大通《だいどう》には、無数の馬車自動車の列が、目の舞うように動揺して居る。日々《にちにち》見馴れた光景であるが、流石《さすが》、巴里でなければ見られない繁華豪奢の有様に心は如何ほど家路を急ぎながら、眼は今更の如く牽《ひ》きつけられて眺め入る。轟々と大地を揺《ゆす》る車輪と馬蹄の響の中には何と云う強さと深さとが含まれて居るのであろう。

（「雲」『ふらんす物語』所収）

七　変わりゆくすべてのもの

都市や街路、文化、流行、人間の感性までもが時代とともに変わっていくなかで、変わらないものがあるだろうか。たとえば『失われた時を求めて』の主人公が礼賛するゲルマント公爵夫人の優美さはどうか。コンブレーの散歩道でその名のみ畏怖と憧憬との対象であったゲルマント家に、主人公は長い時間をかけて近づいていく。女優ラ・ベルマを観に行ったオペラ座で見かけるゲルマント公爵夫人は、まばゆいばかりの魅力を放っており、そこにどのような秘密がかくまわれているのか、年若い主人公には想像すらもできない。

この第二の演目が始まったとき、私はゲルマント大公妃のベニョワール席のほうを見つめた。大公妃がベニョワール席の奥のほうに頭をめぐらした動きがえもいわれぬ優雅な線を描いたからで、私の精神はその線を虚空《こくう》に追いかけたのである。招待客たちは立ちあがり、これまた奥のほうを向き、そうしてできた二列の人垣のあいだを、女神を想わせる自信と威光をただよわせ、とはいえこんなに遅れて到着したせいで上演中にみなを立たせる不始末ににこやかに恐縮してみせつつ、かつてない柔和なものごしで入ってきたのは、白いモスリンに包まれたゲルマント公爵夫人であった。［中略］私は、夫人が友人たちにつぎつぎと片手をゆだねながら投げかけた、青味をおびた輝きに包まれるにこやかなまなざしが秘密を宿しているのを痛感したが、その謎を解読することはできなかった。

（『ゲルマントのほう』吉川一義訳）

ゲルマント公爵夫人は主人公にとって、年齢差を超えた恋慕の対象となる。けれどそんな夫人の魅力さえも、永遠に続くわけではない。年齢と人生経験を重ねた主人公が夫人の社交界に呼ばれ、身近に話をする機会に恵まれるにつれ、ゲルマント夫人が示す凡庸さに、主人公をふかく幻滅することになる。

「なんですって！　オランダ旅行をなさりながら、ハールレムにいらっしゃらなかったの？」と公爵夫人は大声をあげた、「ハルスの作品はもう別格ですから、たとえ十五分しか時間がとれなかったとしても、ぜひともご覧になっておくべきでしたね。もしも走行中の乗合馬車の二階席の上から見ることしかできなくても、もし作品が外に展示されていたら、かっと目を見開くべきですわ。」この発言に私は憤慨した。芸術的印象がわれわれの心中でどのように形づくられるものかを理解していないうえ、その発言が、われわれの目をスナップ写真を撮るたんなる記憶装置とみなしているように思えたからである。

ゲルマント氏は、私の関心を惹くことがらについて妻がじつに見識ゆたかな意見を述べるのが嬉しいようで、音に聞こえる妻の立派な押し出しをうち眺めつつ、フランス・ハルスに関するその発言に耳を傾けて、こう考えた、「妻はなんにでも通じている。この若い招待客も、目の前にいるこの人こそあらゆる意味で往時の大貴婦人だ、今ではふたりといない大貴婦人だと思っているだろう。」かくして今や私は、ふたりをゲルマントという名から切り離して見つめていた。昔はゲルマントという名から想いも寄らぬ暮らしを送る夫妻を想像したものだが、今ではそのふたりが他の男や女となんら変わらぬ存在になってしまった。

（「ゲルマントのほう」吉川一義訳）

「スナップ写真を撮るたんなる記憶装置」とは、現代でいえばミシュランのガイドブックを手に観光地を訪ね、絵葉書のような風景をバックにスマートフォンで自分を撮影し、フェイスブックに上げる人間の感性に通じるものであろう。けれど、そのような公爵夫人が見せるペダンチックな俗物性は、夫人自身の変化の結果ではなく、むしろ主人公が成長した証なのである。変わったのはゲルマント公爵夫人ではなく、主人公であった。なぜならば彼もまた、時間のなかに生きている。

『失われた時を求めて』においてプルーストが独自なのは、凡庸な長編小説ならば多少なりとも首尾一貫しているべき主人公の思考や感受性を、劇的なまでに変化させてしまう「時間」への言及であろう。

ロベールは、かつて私がドンシエールに滞在していたときに、彼に誘われて毎晩のように夕食を共にした友人たちのうちで、今なおここに残っている者たちに会う気はないか、とたずねた。〔中略〕私は彼の提案をことわった。〔中略〕今となっては私の気持が彼らから遠くなっていたからでもある。彼らから、とはすなわち、私自身からも遠くなっていたということだ。

（『ソドムとゴモラ』鈴木道彦訳）

主人公の成長と変化は、スワンとオデットとの娘ジルベルト、ゲルマント公爵夫人、謎めいた少女アルベルチーヌと、対象を変えていく恋愛感においてもっとも顕著であるが、今ここで寄り道してそれらに触れる余裕はない。それでも主人公が恋愛対象に抱く憧憬が失意へ、純愛が肉欲へ、嫉妬が快楽と変化していく様は読者を唖然とさせる。『失われた時を求めて』に描かれるのは、失われる「場所」や、その「場所」と一体となっていた永遠とも思える「時間」だけではなく、主人公を含む人間をも、まるで他人のように変えてしまう時間なのである。

現在の最高の歓びは愛する人たちとの会談なのに、それが将来奪われるのではないかとの怖れが消え去るどころか増大するのは、そんな会話の機会を奪われる痛みに加えて、今やさらに過酷なことに、それを苦痛とも感じず無関心になってしまう日が来るのではないかと考えるときである。そうなるとわれわれの自我までが変わり果て、まわりに存在しなくなるのはわれわれの両親や恋人や友人たちの魅力だけではなくなる。現在われわれの心の主要部分を占める人たちへの愛情さえ心からすっぽり引き抜かれ、そうなると現在は考えるだに恐ろしいその人たちとの別離後の生活をむしろ気に入っているかもしれない。これはもうわれわれ自身の正真正銘の死であり、たしかにそのあとに復活を伴うとはいえ、それはべつの自我となっての復活であり、死を宣告された古い自我のさまざまな部分はこの新しい自我を愛するに至らない。

（『花咲く乙女たちの影に』吉川一義訳）

人間とは本来、時間や環境、あるいは年齢につれて変化してしまう存在であり、ただ自分は変化しないと信じているだけなのかもしれない。近代社会の急激な変化にプルーストや荷風が苛立つのも、現代都市の慌しさに私たちが不安を抱くのも、変化する時代に対して人間の本質が変化しないということではなく、人間が変化しうる以上の速度で、社会が変化していくというに過ぎないのではないか。ボードレールが謳うように、「街の姿は人の心よりも早く変わる！」のである。そのボードレールに導かれて古き良きパリの路地裏を探索した荷風は、同時に近代都市パリの躍動に感嘆する。『失われた時を求めて』の主人公にしても、ゲルマント公爵夫人やスワン夫人オデットが見せる旧世代の優美さに魅せられると同時に、鉄道という新時代の交通手段を当たり前のように利用し、自動車という近代社会の神器によってアルベルチーヌの気を引こうとする。時代や文化、流行の変化をもたらし、同時に人間の志向や感受性までも変化させてしまう時間のなかで、時代や社会と人間との関係は、あくまでも相対的であり、どちらかが変わり、どちらかが変わらないということではないらしい。

八　本質とは何か

では変わらないものとは何か。時代や文化、あるいは街路や建築、そこに関わる人間を含めたすべてが相対性のなかの漂流物であるなら、私たちが安らぐことのできる「時間」や、世界のなかに「守られていること」を実感し、そこに絶対的な信頼を抱きうる「場所」を、どのように見出せばよいのか。『失われた時を求めて』の最終章、その名も『見出された時』において、プルーストはその答えにたどり着く。もっともその方法論は、意外にも早く、すでに『スワンの家のほうへ』に提示されていた。

私はケルトの信仰をきわめて理にかなったものだと思っている。誰かに死なれたとしよう。

そうすると、死者の魂は何か下位の存在、獣や植物や無生物のなかに囚われる。彼らは、たまたま私たちがそうした木のそばを通りかかったり、彼らがそのなかに囚われている事物を手に入れたりする日(たいていの人にはそうした日は来ない)までは、私たちにとっては亡くなったままだ。しかし、そのときになると、魂は打ち震え、私たちを呼ぶ。私たちが彼らを認めるや否や、呪縛は解かれる。私たちによって解き放たれた彼らは死に打ち勝ち、この世界に立ち返って私たちとともに暮らすことになる。

私たちの過去もそれと同じである。過去を思い出そうとするのは無駄な行為である。知性のあらゆる努力はむなしい。過去は知性の領域の外、知性の手の届かないところで、何か具体的な、私たちが考えもしなかった事物のうちに(そうした事物が私たちに与える感覚のなかに)隠れている。

(『スワンの家のほうへ』高遠弘美訳)

私たちが過去の記憶をたぐり寄せようとする時、私たちは過去を加工し、時には自分に都合よく変形してしまう。辛い記憶は忘れてしまい易く、むしろ忘れる方が賢明であろう。バラ色の楽しい記憶のなかにも、実はそれほど楽しいことばかりではなかった出来事が隠されている。「過去は知性の領域の外」とプルーストが言う場合の「知性」とは、私たちが無意識のうちに行う編集作業であろう。

ではそのような「知性」の編集作業をまぬがれたほんとうの過去は、どのように思い出されるのか。ケルト信仰における死者の魂、つまりは私たちの過去の真実の姿は、私たちの「知性」のなかにではなく、私たちの外部にある事物のなかに眠っているという。どうやってそれを「見出す」ことができるのか。あまりに有名なマドレーヌの挿話が、『スワンの家のほうへ』に提示される。

主人公が成長し、コンブレーの黄金時代から多くの歳月が流れた冬のある日、母親が紅茶に添えて出してくれたマドレーヌの味に、主人公は震撼する。

……マドレーヌのひと切れを柔らかくするために浸しておいた紅茶を一杯スプーンにすくって口に運んだ。とまさに、お菓子のかけらのまじったひと口の紅茶が口蓋に触れた瞬間、私のなかで尋常でないことが起こっていることに気がつき、私は思わず身震いをした。ほかのものから隔絶した、えもいわれぬ快感が、原因のわからぬままに私のうちに行きわたったのである。人生の苦難などどうでもよくなり、災難などは無害なものにすぎず、人生の短さなど錯覚だと思われた。それは恋愛の作用と同じで、私を貴重な何かの本質で満たしたのだ。あるいはむしろ、その本質は私のなかにあるのではなくて、私自身だったと言うべきだろうか。私はもはや自分が平凡な、偶然に存在するだけの、死すべき存在だとは感じていなかった。（同前）

主人公が「知性」ではなく、味覚というある種の物質的な現象によって思い出したのは、コンブレーの叔母の家で、幼い主人公に叔母が出してくれた紅茶か菩提樹のハーブティーに浸したマドレーヌであった。コンブレーの思い出とはすなわち、世界への絶対的な信頼を与えてくれた「場所」や「時間」に守られていた黄金時代の記憶である。それは単に、幸福だった幼少年期を思い出したというだけにとどまらない。見出されたのは時間性のなかの相対的な漂流物でしかなかった主人公を、「貴重な何かの本質」、それが「私自身」と思えるような豊穣なヴィジョンで充たし、過去と現在という時間の隔たりを、一瞬にして消し去ってしまう「永遠」であった。その「永遠」の前では、主人公が抱える現在の苦難や災難も影うすくなり、人生の有限性さえも錯覚でしかなくなる。ケルトの死者の魂が甦るように、主人公もまた黄金時代のなかに甦るのである。

「知性」の外部にある偶然によって「永遠」のヴィジョンが見出されるという体験は、その後、『失われた時を求めて』に繰り広げられる長いながい展開の末に、最終章『見出された時』において体系化される。皿にあたるスプーンの音といった聴覚や、不揃いな敷石に躓くといった些細な現象、つまりは「知性」の外にある事物にひそんでいたスイッチが入り、遥かな時間と距離に隔てられた過去と現在とが、一瞬のうちに「永遠」という名の一枚の陰画に焼きつけられるのである。

そのとき私のなかでこの印象を味わっていた存在は、その印象の持っている昔と今とに共通のもの、超時間的なもののなかでこれを味わっていたのであり、その存在が出現するのは、現在と過去のあいだにあるあのいろいろな同一性の一つによって、その存在が生きることのできる唯一の環境、物の本質を享受できる唯一の場、すなわち時間の外に出たときでしかないのだった。

（『見い出された時』鈴木道彦訳）

この最終章はプルーストの生前には充分に推敲が行われなかったようで、やや硬直した観念的な表現が残るが、要約するに「失われた」時とは、単純に過ぎ去った時間を意味するのではなく、その「失われた」時を「見出す」とは、過去と現在という単純な「時間の外に」出ること、つまりはただ過ぎ去るだけの時間を超越し、時間が人間に与えるもろもろの苦難や失意からも自由になることである。けれど、では読者である私たちは、どのようにすればそのような瞬間を見出すことができるのか。「たいていの人にはそうした日は来ない」奇跡を、ひたすら待ち続けるしかないのか。「失われる」ことと「見い出される」ことについて、プルーストは最終的な定理に言及する。

思い出は忘却のために現在の時間とのあいだにいかなる絆を結ぶことも、いかなる鎖の環を投げることもできず、その場所、その日付にとどまり、谷間のくぼみや峰の頂きにあって他から遠く離れたまま、孤立を保っていたのである。それでもそうした思い出が、不意に新しい空気を呼吸させるのは、まさしくこれがかつて私たちの呼吸した空気だからだ。詩人たちはより純粋な空気で楽園を満たそうと空しい努力を払ったが、すでに一度呼吸された空気でなければ、すべてを一新するあの深い感覚を与えることはできないだろう。というのも、本当の楽園とは失われた楽園にほかならないからだ。

（『見出されたとき』鈴木道彦訳）

「見い出される」ためには、「失われる」必要があり、失われていなければ、そこに「永遠」が「見い出される」ことはない。そう断言するプルーストにおいて、「失われる」ことと「見い出される」ことは、まさに絶対的な表裏一体であるように見える。どうしてなのか。失われないままの「楽園」では、何故いけないのか。例えばかの谷間の駅の少女は、生まれ育った「場所」と一体化することで、圧倒的な存在感を放つ「楽園」の住人ではなかったか。もっとも見方を変えれば、彼女が体現する「楽園」は、黄金時代を失いつつある主人公から見ての「楽園」であり、少女本人にとっては、ただ当たり前で、退屈でさえある日常の繰り返しであったかもしれない。いや、もしかしたら彼女は、いつかは生まれ育った谷間の村を出て、パリで生活してみたいと憧れていたのではないか。

けれどこの議論については、今ここでは保留して、後ほど、あらためて触れる。

『失われた時を求めて』は時に、複数の絵画を一面の大きな額縁におさめる祭壇画に喩えられる。キリストや聖人などの生涯を描く祭壇画は、日本の縁起絵巻のように連続した時間を描くのではなく、誕生や洗礼、奇跡や殉教などの各場面を、紙芝居のように独立した挿話として大きな額縁に嵌め込んで見せる。一枚の絵と隣の絵のあいだに流れていた時間は説明されず、むしろそれぞれの場面は孤立しているように見える。『失われた時を求めて』に描かれるいくつもの場面も、同じように独立した場所と時間を凝縮しているが、ただ「知性」の外にある事物に宿る記憶というマドレーヌの方法論によって、それぞれの場面は瞬時に時間を超えた「永遠」のなかに焼つけられ、一枚の壮大な祭壇画、キリストや聖人の生涯のように、主人公の生涯のすべてを、そのディテールに至るまで再現・再生してみせるのである。

＊　＊　＊

さて、現代都市における「時間」性の圧倒的な貧しさを憂い、私たちが「どのように世界のなかにあるのか」を実感できる「場所」性を求めて、プルーストとともに随分と遠くまで探索してしまったようにも思える。誰もが思い出せる「場所」としての生家は、世界への信頼を獲得した黄金時代に庇護されていた。しかし人間は生長し、永遠に続くように思われた黄金時代から出発しなければならない。可能性としての「空間」へと赴き、そこに営まれる時間性の蓄積を習慣という力に変えていく。けれど人間の生が受けるさまざまな圧力に対して、習慣はあまりにも脆い。さらに私たちが生きている現代都市においては、あらゆるものがめまぐるしく変化し、私たちもまた変化していく。すべてが相対性のなかの漂流物であるかのような状況にあって、プルーストが提示するマドレーヌの方法論、人間の「知性」の編集作業を逃れた事物にこそ、失われた世界の全体像を再創造するスイッチが隠されているという劇的体験は、「たいていの人にはそうした日は来ない」とプルーストが言うように、私たちの誰にでも訪れるものではないらしい。もちろん私たち自身の生涯を、プルーストのように、壮大な祭壇画に焼き付けられるかどうかも望み薄である。

けれど、そんな私たちも時に、数枚の写真をおさめた額を壁に飾ることがある。自分の人生のさまざまな場面、卒業式や結婚披露宴などの記念行事や、旅先での思い出など楽しかった出来事、家族や友人との何気ないスナップ写真などを、一枚の額におさめてみる。そこにはまだあどけない顔をした自分自身や、長いこと会っていない友人たち、すでに他界している親族などが笑顔を見せているのではないか。『失われた時を求めて』という壮大な祭壇画とは比較にもならないが、そこに一人の人間の生涯が、時間を超えて焼き付けられているに違いない。私という人間は、私一人で生きてきたわけではないという感慨なり慰安を、その額から得ることもある。さらに言えば現実の額ではなく、イメージのなかで、さまざまな愛着のある場所や時間を納めた額を、空想できるかもしれない。そのような空想上の額のなかで私たちは、「生きられる」空間をすこしずつ拡げていけるのではないか。私たちにできることが、まったく何もないわけではないような気がする。

プルーストはさらに、過去は知性の領域外の、何気ない事物に宿っているとした。「何気ない」とはつまり、壮大でもドラマチックでもなく、ケヴィン・リンチが例示した「夕暮れと夜明け、裸の枝に芽ぶいた新緑、ニューイングランドの短い紅葉、夏季休暇の最後の日、劇場のロビーに集まって開幕を待っている観客の群、仕事が終わって家路に急ぐ人びと」といったありふれた情景に重なるものではないか。そうであるならば、「永遠」を見出すスイッチは、現代都市の至るところに眠っていることになる。そのひとつくらいなら、「見出される」機会があるのではないか。とりあえず、そう考えておこう。

第三章　私たちはどのように世界のなかにあるのか

一　さまよえる精神科医

私たちの暮らす現代都市が、その「時間」性において圧倒的に貧しく、いや、そもそも都市における「時間」とは何かを考える時、プルーストの『失われた時を求めて』とともに、現象学的精神病理学者、ユージン・ミンコフスキーの『生きられる時間』にヒントを求めることができるかもしれない。『生きられる時間』は単なる精神医学書ではなく、私たち人間が「生きられる」時間や空間をテーマとしており、現代思想の展開に深い影響を与えたとされる。その序文にはこのような一節があり、私たちが抱える問題意識に重なるニュアンスを読むことができよう。

技術は発見によって時間と空間を征服せんと努めている。技術がこの点に関して絶えず実現する進歩の恩恵にあまりにも浴しているわれわれは、技術に感謝せぬわけにはいかない。しかしながら、この感謝の気持はまじりけのないものにはならない。あたかも、このようにして創り出される生活の律動《リズム》が暴力的にわれわれを犯すかのように、われわれはしばしばある深い疲労感に充たされるのである。それというのがこの進歩は他の本質的な価値を損うことによって達成されているからである。［中略］われわれは「時間」に対するわれわれの権利、現代生活がわれわれから奪ったと思える権利を取り戻したいのだ。

（『生きられる時間』）

プルーストや荷風が批判的に観察したのは、産業革命により急変していく都市風景や、そこに出現した大衆消費社会のあさましい光景であった。けれどミンコフスキーがここで着目する「技術」とは、「近代」のもう一つの原動力である近代科学主義であり、その前提となる合理主義精神であろう。けれどそのあたりを見ていく前に、まずは彼の経歴を概観しておく。

ミンコフスキーは一八八五年、ロシアのサンクトペテルブルクに生まれる。両親はポーランド系ユダヤ人であった。プルーストよりは十四歳、荷風より六歳若い。ドイツのミュンヘンに留学して医学を修め、博士号を取得、ロシアに戻り医師国家試験に合格する。一九一三年には、後に精神医学者として活躍することになるフランソワーズ・ブロックマンと結婚。再びミュンヘンに戻り、妻は精神医学の道を歩むが、彼自身は数学と哲学とを研究し、精神医学からは離れていく。しかし第一次世界大戦が勃発すると、夫妻はスイスのチューリッヒに逃れ、「精神分裂病」の提唱者たる現象学的精神病理学者、オイゲン・ブロイラーの助手となる。戦争が彼を、職業としての精神医学に復帰させるのである。けれど翌年、ミンコフスキーは突如としてフランス軍に入り、一兵士として前線で戦う。四等レジョン・ドヌール勲章を受ける功績もあって、フランス市民権を得るのであった。

その第一次世界大戦中、病魔と闘いながら『失われた時を求めて』を推敲し続けたプルーストは、戦後四年、五十一歳で没する。裕福な両親や親族からの遺産にめぐまれていたプルーストは、生涯を通し正式な職業につくことはなかった。一方、フランス市民となったミンコフスキーの戦後は、まずは食いつないでいくための格闘となる。

大戦の間ひとは平和を待っていた。ひとは生活を、ひとがそれを捨てたところで、再び拾い上げられると思っていた。現実には、困難と、落胆と、失敗と、生きるために新しい問題に適応しようとする、苦しくまたしばしば虚しい努力の、新しい時期が始まっていた。哲学的思惟に適した静寂はなお再生するにはほど遠かった。不毛にして暗く永い歳月が大戦に引続いた。私の仕事は抽斗の底で眠り続けた。（同前）

ここでいう「仕事」とは、やがて『生きられる時間』にまとめられる現象学的哲学研究である。

けれど研究よりはまず生活という時代であり、生活するための職業として、パリ近郊のいくつかの病院、スーラン精神病院、サン・マンデ病院、アンリ・ルーセル精神病院などを遍歴する。その後も生涯を通じて、研究者として大学のポストを得る機会はなかった。精神科医と言えば現代では相当にハイブローで、高収入も期待できる職業であろうが、現代の薬物療法のように確立した治療法のなかった時代、苦難にみちた仕事であったろう。ミンコフスキーより三歳年長にあたる日本の近代歌人にして精神科医の斉藤茂吉にしても、精神病者やその治療施設に対する世間の偏見や蔑視に、生涯を通し苦しめられた。果たして当時のフランスはどうであったのか。

けれど精神科臨床医としての長い経歴は、ミンコフスキーを哲学研究から遠ざけるだけのものではなかった。むしろ日々、身近に接した多くの精神病者の症例が、彼の哲学研究に貴重なデータをもたらすことになる。

これまでになく今日私は、一連の精神病理学的症状は、それらを時間の現象として見るならば[中略]……われわれの研究を充分に拡張するための、唯一の道とまでは言わないまでも、主要な道が拓かれると確信している。[中略]……病理学は私にとって、もはやわたしの一般的諸概念をいささか密貿易的に流布せしめるための、一種止むをえざる手段たることを止めたばかりでなく、私の知識のうちで最良のものを私が恐らくそこから汲み取ったところの貴重な源泉となった。

（同前）

時間や空間のなかで人間が「どのように生きているのか」を考察することは、普通の人間が普通に生きているという、あまりにも「当たり前」な感覚をあらためて理論化する試みであり、どうしても抽象的な議論に陥りやすい。けれど精神病者という「当たり前」には生きられていない、あるいは「当たり前」とは違う生き方をしている人間の具体的な症例を、ミンコフスキーは対照事例として検証した。どこが「普通」ではないのかを検証することで、そもそも「普通」とはどういうことなのかがあぶり出されるのである。

一九三三年、『生きられる時間』は出版される。ミンコフスキー自身では資金が足りず、父の援助で初版千部が刷られるが、その後ながく絶版となる。現代思想の展開に深い影響を与えた一冊にしては、ずいぶんと不遇であった。けれどその先見性は、序文を読むだけで理解されよう。

抽象化によって進む科学は推論的思惟に従わぬ夥しい現象を除外する。知性的空間に適用するのと同じ方法を時間に対して適用することにより、科学は、ベルグソンが示したように、時間からそのあらゆる自然の富を奪い去るのである。そしてそれが進歩するにつれて、それがますます一般的な法則を述べるにつれて、科学はそれが生れたところの生き生きした源泉からますます遠ざかるほかなく、所詮、科学は現実的生からのこのいやます「抽象化」の最終的表現にすぎぬ諸概念に到達してしまうのである。

（同前）

近代科学主義は、もしそれがなかったならば、私たちが享受する様々な利便性や安全、健康、快適さが実現しなかったことは言うまでもない。近代科学は「世界はどのように動いているのか」を解読するさまざまな法則を発見し、そのような法則が正しいことを証明する観察や実験により、劇的な成果をもたらしてきた。けれどトゥアンが皮肉をこめて引用したケルヴィン卿の「どんなものであっても、それを測定するまでは本当に知っていることにはならない」という言葉が象徴するように、近代科学主義を寄りどころとする論理的思考は、「知識があること」と「知っていること」とが等価であるとする「暗黙の仮定」に陥る危険性を孕んでいる。たとえば建築やランドスケープを含む現代の都市計画においても、「計画」する前提として提示される統計値や住民アンケートなどの数的データは、なにがしか科学主義的であるように見えながら、実際には私たち人間が「どのように世界のなかにあるのか」という「推論的思惟に従わぬ夥しい現象」をきれいに捨象してしまう。近代科学主義が推進する一般的法則により、「それが生れたところの生き生きした源泉」が失われてしまうというミンコフスキーの洞察は、現代都市に「生きられる」場所を求める私たちに、有効なヒントを与えてくれるのではないか。

二　内的持続としての時間

引用した序文にもあるように、『生きられる時間』は、アンリ・ベルクソンの時間論に多くの影響を受けている。そのベルクソンと親戚関係にあったプルーストは、少年時代はベルクソンの結婚式に参列し、コレージュ・ド・フランスではベルクソンの講義に出席している。一八五九年生まれと、プルーストより十二歳年長にあたるベルクソンも、プルーストの著作には目を通していたらしい。けれど二人の、特に「時間」に関する考え方は大きく食い違い、お互いの知性を尊敬はしていても、それ以上の評価を与えることはなかった。

さて、ベルクソンは「時間」に対する概念として、「空間」を提示し、「空間」とは数値によってのみ計量されるものであるとする。では数値とは何か。ベルクソンはわかりやすい例をあげる。

数体系は数単位の集合体である、というだけでは不十分である。さらに、これら数単位と言われるものが、それぞれ、相互に同一な存在であると付け加えておかなければならない。［中略］ある一つの群を成す羊の数を数えて、五〇頭の羊がいると言うことはできる。しかし、実際には、それぞれの羊は互いに区別することができるし、羊飼いはその違いを認識するのに苦労はしない。それにもかかわらず、一つの群に五〇頭の羊がいると数えられるのは、個々の羊の違いを無視し、それらの羊に共通な機能だけを考慮するという暗黙の合意ができているからなのだ。

（『意識に直接与えられるものについての試論』竹内信夫訳）

それぞれ質的に異なる羊の多様性を排除し、「一頭の羊」という理念のみを抽出する。そうでなければ羊が一頭、羊が二頭……と数えることはできない。それぞれの羊が数値としてすべて等質であることが、「暗黙の合意」事項なのである。

そのような数値によってのみ計量される「空間」も、やはり純粋な等質性を特徴とする。例えば二次元空間ならば、X軸Y軸それぞれの単位に目盛りをつけたグリット状の空間を、私たちは義務教育で学んでいる。三次元ならZ軸も加えた無限空間を、目を閉じてイメージすることができる。それは私たちとは独立した外部にあって、私たちが部外者的視点から覗き見るような空間である。そこには絶対的な原点、つまりX軸Y軸Z軸すべてがゼロになる固定点は存在せず、むしろ任意の原点をグリット上のどこにでも自由に設定できるし、それによって空間が「質的」に変化することはない。そのような「空間」をイメージできるのは、ベルクソンによれば、抽象化の能力をもつ人間のみである。抽象化とはつまり、多様な具体像をもつ羊から「一頭の羊」という純粋概念を抽出する作業である。当然ながら人間の科学的思考にも、この抽象化の能力は欠かせない。建築家や都市計画家が自由かつ合理的に設計できるのも、抽象化の能力によって、等質な「空間」が保証されているからである。

けれど、その一方で、「空間概念になじみ、さらにはその固定観念に囚われて」（同前）いる人間は、「時間」を捉える際にも、空間的な等質性を導入してしまうとベルクソンは言う。目を閉じて三次元空間をイメージするように、たとえば線路上を走る列車のような、一定の速度で進んでいく直線的な時間をイメージすることができよう。そのような時間、つまりは私たちの外部にあって、私たちが部外者でしかない三次元空間の目盛りを正確に通過していくような「時間」は、しかし人間本来の「時間」ではなく、ただの「空間概念の亡霊」にすぎないとベルクソンは言う。

現代都市において、私たちがイメージする「時間」はどうか。それはコンブレーの鐘楼が体現する永遠と見まがうような「時間」ではなく、具体的な「場所」性を欠いた抽象的な「時間」であると前述した。ベルクソンが言うように、それは私たちの外部にあって、私たちとは無関係に、一定の正確さで刻まれているように思える。もちろん楽しい時間は駆け足で過ぎ去り、苦しく不快な時間はなかなか過ぎ去ってくれないが、それはある種の錯覚のようなもので、本来の「時間」は私たちの感情や感覚になど左右されず、ただ冷酷なまでの正確さで刻まれていく。毎朝、私たちはたいてい決められた時刻の電車やバスに乗り、仕事場や学校へと出かけていく。いや、私たちが乗り遅れまいとしているのは、電車やバスではなく、その日その日を厳格に支配する「時間」であろう。風邪をひいて仕事や学校を休み、自宅のベッドで寝ているときでさえ、無慈悲に刻まれていく「時間」は私たちを置き去りにするように感じられる。「時間」は常に私たちを、目には見えない牢獄のように支配しているらしい。けれどベルクソンによれば、そのような「時間」は本来の「時間」ではない。数値によってのみ軽量できる「空間」の等質性を、「時間」にも押し付けてしまった結果なのだという。

ならば本来の「時間」とはどのようなものなのか。ベルクソンによれば、それは「内的な持続」、つまり私たち人間の内部にある「持続」であるとする。「持続」とは何か。ベルクソンはメロディを例に解説する。

私たちがあるメロディを聴く場合、一音一音を取り出して並置することはない。ある一音と次の一音、そのまた次の一音との連続した関係を聴くのであり、そうでなければメロディを聴いたことにならない。メロディとはつまり、「……多数の要素が相互に浸透しあい、一体となり、さまざまな要素同士の親密な有機的統合を獲得して、それぞれの要素がその有機的統合の全体を表現しながら、全体から区別されることなく、一つ一つが全体から孤立することなく存在する状態……(同前)」なのである。

持続としての「時間」は、一刻一刻を切り離して捉えることはできず、一刻から次の一刻への関係性の流れであり、いや、関係性のみが感受されるのであって、切り離された一刻など、メロディから取り出された一音のようなものである。因みに私たちの外部にあって、持続する時間を正確に刻んでいるように見えるメトロノームは、ベルクソンによれば、ただ同時性を刻んでいるに過ぎない。

私たちの内面に流れる時間は、直線的な正確さとは無縁であり、私たちの感覚や感情のままに澱んだり、駆け足にもなる。メロディがアンダンテから軽快なアレグロになり、また重々しいアダージオにもなるような自在さであろう。そのような持続としての時間こそが、私たち人間が「生きられる」時間なのである。

もっともベルクソンによれば、そのような「内的な持続」としての時間を感受し、その流れに身をまかせることは簡単ではない。いや、「信じがたいほどの困難に直面することになる」という。何故なのか。

……その理由は、おそらく、持続しているのはわれわれだけではない、というところにあるようだ。われわれの外部に存在する事物も、どうやら、われわれと同じように持続しているように思われる。そして時間というものも、この視点から見れば、一つの等質的な場のように見えてくる。この内的持続の各瞬間が、空間内に存在する物体と同じように、相互に外的なものとして孤立しているばかりでなく、われわれの感覚器官が感知する運動が、等質で計測可能な持続のいわば具体的な記号となっているようだ。それればかりか、時間は、数量変数として、力学の計算式、天文学や物理学の計測にも取り入れられている。ある運動体の速度が計測されるということのなかには、当然のこととして、時間もまた一つの数量であるということが前提されている。（同前）

目を閉じてイメージする三次元空間の等質性を、たしかに私たちは、何の違和感もなく外部の世界にも適用している。たとえば緯線経線や、さらに詳細なグリッドをひかれた地図は、まさにその実例であろう。現在、私たちはたぶんに、地図的な観念として外部にある空間や事物を把握している。自分の家と仕事場や学校との位置関係も、地図上の概念、あるいは電車の路線図の上で把握する人間が多いのではないか。それはトゥアンが提示した白紙的な「空間」の概念とは微妙に違う。人間が積極的に関与し踏み固めていく可能性としての「空間」ではなく、むしろ関与した「結果」か、「成果物」のようなものではないか。一度出来上がってしまえば、人間の営為とは無関係にずっと固定したままの空間、私たちの外部にあって、私たちの意思や行動とは別に、ずっと持続している空間であるように思える。

私たちの現代都市を構成する建築や街路にしても、それが真新しいものにせよ歴史的な蓄積をもつにせよ、普通に考えれば私たちの外部にあって、間違いなく「持続」しているように見える。いや、私たち人間の生命の長さと比較しても、建築や街路の方がずっと長く「持続」する可能性がある。そのように考えてしまえば、それらの「持続」を計測する時間を認めるしかない。天文学の観察や物理学の実験、あるいは単純に電車の速度を正確に計測する目盛りのような時間が、外部にある事物を支配している。時間とは本来、私たちの意識や感情とは無関係にこの世界を正確に計測しているのであって、そうでなければ電車やバスは時刻表の通り運行することはできず、私たちが仕事場や学校へ、遅刻した理由を提出する必要もない。

けれど私たちがそのように考えてしまうのは、ベルクソンによれば、空間の等質性を時間にも当てはめるという落とし穴に、私たちがまんまと嵌っているからであるらしい。

蛇足ながら、たとえば中東世界に出張する日本のビジネスマンは、当地の人々が時間の約束を守らないことに苛立つという。けれど本当は、中東世界の人々は時間にルーズなのではなく、私たちが囚われている直線的な時間ではない、私たちには未知の、なにか別の時間に忠実に生きているのではないか。

三　固着化と違和感

空間の等質性を時間にも適用し、外部にある建築や街路、公園のベンチや落葉しつつある樹木などの事物を、グリッドのある地図や路線図、つまりは私たちが部外者でしかないような「空間」に

「持続する」ものとしてとらえることで、どのような問題が生じるのか。ベルクソンは言う。

われわれの意識は、物事を区別するという飽くなき欲望に苛《さいな》まれながら、現実を記号に置き換えてしまう、あるいは記号を通してしか現実を見ない。このように屈折させられた自我、その結果として細分化されてしまった自我は、一般的な社会生活の要請や、殊には、言語の要請に限りなくよく適合するものであるから、社会生活を営むわれわれはそちらを優先し、内面深くに潜む真実の自我を徐々に見失ってゆくのである。

（同前）

ここでいう記号、または言語とは、外部にある事物の印象を、特定の固着した意味性のなかに封じ込めてしまう万能なツールである。そのようなツールにより、事物に名前を与え、分類・整理し、人間は世界を「理解」可能なものとして再構築している。実際に街路に存在する銀行や商店、オフィス・ビルなどを地図上の記号に置き換えることは、社会生活する上での共通認識に不可欠であり、そのようにして私たちは、それら外部にあるもろもろの事物が、静的かつ堅牢に持続しているという安定的な世界像を共有することができる。

われわれは本能的に、自分の印象を固定し、それを言語で表現することを選んでいる。

（同前）

静的かつ堅牢に持続する世界に対して、私たちは自分自身をも安定的に関係づける。そのような秩序を選んでしまうのは、人間の「本能」であるとベルクソンはいう。人間のみに与えられた抽象化の能力が生み出す等質空間は、近代科学主義の言わばホーム・グラウンドであり、もろもろの外部の事物を社会生活上の共通認識へと再構築し、さらには本能という生命体としての人間にとっても、都合のよいものであるらしい。

けれど事物と人間との関係は、けっして永久不変の記号や言語に固着できるものではない。人間には「内面深くに潜む真実の自我」があり、それは「内的な持続」を生きているのであるから、静的かつ堅牢に持続しているように思える外部の事物との関係も、気づかぬうちにその印象を変化・変容させるはずである。

たとえば毎日のように見慣れていた街路や建物を、ずっと変わらないものであると捉えていた人間が、年を経たある日、それらの街路や建物に言葉では表現できないような変化が生じていることに気づく。ベルクソンによれば、そのような違和感が起こるのは、それらの街路や建築を見る人間が、時間、つまりは「内的な持続」のなかで変化・変容し、あるいは同じ状態を持続しているにもかかわらず、街路や建築との間に結んだ記号にこだわるあまり、外部にある事物の印象と永久不変の記号とが、しっくりいかなくなるからだという。

このようなベルクソンの考えは、前述したプルーストとどう重なるのか。建築や街路などが外部にあって持続しているように見えるのは、人間がそれらを特定の記号のなかに固着化させるからであり、生命体としての人間も、そのような安定性を望んでいるからにすぎないというベルクソンに対し、プルーストは時間によって変化・変質してしまう人間の相対性に言及し、変わることのない本質は、むしろ人間の外部にある事物のなかに眠っているとした。二人のこのすれ違いは、プルーストがもっとも執着する味覚についてベルクソンが例示するに及んで、さらに明白になる。

わたしが子供の頃に好きだった味や香りも、今では嫌なものになっている。それでも、自分が感じる感覚は今でも同じ名で呼んでいるし、その香りや味は以前と同じであって、ただ私の好みが変わっただけであるかのように話している。ここでもわたしはその感覚を固定しているのだ。（同前）

建築や街路など外部にある事物の印象を記号として固着化するように、子供の頃に好きだったケーキの味を固着化し、たとえば「甘酸っぱい」という永久不変の記号として保存する。しかし人間が成長すれば、何に対して「甘酸っぱい」と感じるかも変化しうる。建築や街路が、ある日どこか違った風に見えるように、子供の頃に好きだったケーキが、「甘酸っぱい」と思えなくなる。けれどそのケーキを「甘酸っぱい」という記号に固着化している人間は、自分の味覚が変化したことに気づかない。単純に、自分はこのケーキが好きではなくなったと思うのである。

内的な持続を生きることで、味に対する感覚が変化・変質するというベルクソンに対し、プルーストにおいては、味覚は主人公の記憶ではなく、紅茶に浸したマドレーヌそのものに潜んでいる。それは相対性のなかの漂流物でしかない主人公を救い出す本質であり、コンブレーの鐘楼の絶対性のように、「つねに立ち返るべき」原点であった。

このような二人のすれ違いは、「そもそも外部とは何か?」という問いにおける二人の立ち位置の違いにあるのかもしれない。ベルクソンにあって重要なのは、見失われている内的な持続としての時間であり、外部にある事物は、それが等質空間に記号化された建築や街路には還元しきれない何ものかであるとしても、内的な持続以上の本質を孕むものなのかは問われない。一方のプルーストにとって、マドレーヌの挿話における外部の事物とは、人間の抽象化の産物でも、本能が選んだものでもなく、もちろん社会生活を営むための共通認識でも、近代科学主義が仮構する等質空間に配置された観察対象でもない。それは人間の記憶という知性の編集作業を逃れた何ものかである。紅茶に浸したマドレーヌの味覚が主人公にもたらしたのは、人間が本来ならば手に触れることのできない絶対的な外部と出会いであった。「たいていの人にはそうした日は来ない」のは、本来ならばあり得ない現象だからである。

けれどベルクソンについてはひとまずこのあたりに留め、ミンコフスキーに戻りたい。

四　時間と空間とが重なり合う場所

なによりも先ずわれわれのなさねばならぬことは、時間の現象をそのすべての豊かさに於て、そのすべての本来的な特殊性に於て、生々しく捉えることである。

（『生きられる時間』以下同様）

ミンコフスキーはベルクソンに倣って、「時間」という現象に着目する。では「時間」とはなにか。ベルクソンが内的な持続であるとした「時間」に、ミンコフスキーはさらに豊穣なイメージを与える。

それでは時間とは何であろうか。［中略］私が時間について瞑想するとき、私の周囲に、私のうちに、つまり到るところに、私が見るところの、この流動する塊《マス》、この動く、神秘的で、壮麗で、力強い大海原である。それは生成である。

西洋哲学における、「生成」は「存在」と対になる概念である。存在とは何か「が在る」、あるいは何かが「在る」ことなのに対し、生成は存在が変質・変容すること、あるいは非存在から存在になることであり、古代ギリシャ哲学の時代から、存在が先なのか生成が先なのかが議論されてきた。けれどそのような二項対立を超えて、ミンコフスキーは「生成である」ところの時間に、論理的な思考にはおさまらない生の全体性を包括させる。

われわれが生成に当てがいたくなるようなすべてのものを、生成の波は忽ち覆ってしまう。それは主観も客観も識らず、部分の区別も、方向も、始まりも、終りも有たぬ。それは可逆的でも不可逆的でもない。それは普遍的で非人格的であり、それ故それは混沌としている。しかし、それでいて、それはわれわれにまったく身近である。あまりにも身近であって、それはわれわれの生の基盤そのものを形成しているくらいである。後一歩で、われわれはそれが、言葉の最も広い意味に於て、生の同義語であると言えるであろう。

単純化を怖れずに言えば、生成とはつまり、私たちや周囲の生物、さらには事物を含めたがこの世界が「生きている」ということではないか。「生きている」ことはあまりにも私たちの「身近」な出来事でありながら、では「生きている」とはどういうことなのか、理論的に説明することは難しい。現代の遺伝子工学は人間やその他の哺乳類、昆虫や微生物にいたるまで、「生きている」ことの仕組みを解明しつつあるが、「生きている」ことそのものについては何も解き明かせない。フランケンシュタインの映画のように、強い電気ショックをあたえれば「生きている」状態になるというほど簡単ではない。意志や希望によって、「生きている」ことから出ていくことはできず、たとえ自死を望む人間であっても、自死する瞬間までは「生きている」のである。もちろん「生きている」のは、私たちだけではない。私たちとは外見も習性も異なるさまざまな動物や植物、菌類にいたるまでが「生きている」のであり、そのように多様な「生きている」ことの全体性は、私たちの論理的な想像を超えたところにある。「生きていること」は、「すべての判断、すべての属性、すべての主観、すべての客観」といった「存在」に適応する思考ツールによってはとらえることはできない。プルーストの言葉を借りれば、「知性の領域の外」にある混沌とした全体性なのである。

その一方でミンコフスキーは、「空間概念の亡霊」とベルクソンが呼んだ空間の等質性に囚われた時間についても、生成としての時間に見合う評価を与える。空間の等質性、およびそれを計測する直線的な時間は、決して人間を部外者的な立場に追いやるものではなく、むしろ人間の、ごくごく自然な感覚にしたがうものであるとした。

物理学は時間を空間化し、それを変形する。［中略］しかも物理学はこれをまったく自然に行うのであって、それには天才的創意など全然必要でないのである。もし時間と空間がまったく違ったものであったならば、物理学も、如何なる物理学者も、決してこのような結果には到りえなかったであろう。［中略］……われわれ自身の経験、日常生活と常識を顧みるとき、われわれは時間を表象せんとするや否や、それをまったく自然にまた殆ど本能的に、物理学に倣って、まさしく直線でもって表象するのである。

ミンコフスキーによれば、「生成」と「存在」、あるいは「時間」と「空間」とは、お互いに相容れない二項対立として孤立しているのではなく、むしろ密接に結合していて、両者のあいだには「身体と心の連帯に比べうるような、根本的な連帯性」があるという。論理的な思考によってはその本質を取り逃がしてしまう生成としての時間と、空間の等質性に自然かつ本能的になじむ直線的な時間とは、実は密接な関係にあり、人間は「一方から他方への、衝突も技巧もない、まったく自然な移行」を繰り返している。「時間のこれら二つの極端な様相の間に挿入され、かつ重なり合いつつ、一方から他方への移行を可能にするような諸現象」こそ、検証するべきであるとした。

たしかに私たちが、歴史的な建築や街路に「時間」の蓄積を見いだすとき、そのような「時間」は、私たちの外部にあって、私たちとは無関係に、建築や街路とともに営々と積み重ねられてきた「時間」であろう。けれど不思議なことに、そのように外部にある「時間」は、現代都市において私たちを正確かつ冷酷に支配する「時間」とはまるで性質が異なる。私たちにストレスを与えず、むしろ私たちを受け入れ、私たちもまたそのなかで生かされていると実感できる「時間」ではないか。私たちの内部にあって「時間」が澱んだり流れ出したりするように、歴史的な建築や街路に蓄積された「時間」も、澱んだり流れ出したりしているように思える。私たちは時に歴史的な風物を前にして、「時間が止まっている」とさえつぶやいてしまう。歴史的な建築や街路は間違いなく私たちの外部にあるにもかかわらず、しかし私たちの内部に「生きている」何ものかとシンクロナイズする。さらに言えばそのような「時間」は、「空間」から切り離して抽出された「時間」ではなく、私たちが目の前にしている、あるいはそのなかに包まれている「空間」と渾然一体となった「時間」であろう。プルーストが描くコンブレーの鐘楼が体現する永遠にしても、そこから「時間」性と「空間」性とを分離できるわけではない。ミンコフスキーの言うとおり、たしかに「時間」と「空間」とが融合し、一体となって私たちにもたらされる現象があるように思える。そのような諸現象を見ていきたい。

五　方向性と躍動

「時間」には当然ながら、ひとつの方向性がある。空間の等質性を与えられた直線的な時間はもちろんのこと、混沌とした生成としての時間も、澱んだり流れ出したりしながら、ある方向へと進んでいく。いや、時には逆流するかもしれないが、逆流を逆流としてとらえるためにも、ひとつの方向性が必要となる。この方向性が私たちにもたらすものを、ミンコフスキーはベルグソンに倣って、「生命の躍動」と呼ぶ。

生命の躍動《エラン・ヴィタール》がわれわれの前に未来を創造する。［中略］生に於ては、時間に於てひとつの方向を有つすべてのものは、躍動し、前進し、未来へ向かって進歩する。

生成としての時間のなかで「生きている」私たちは、周囲にある事物はもちろんのこと、目には見えない遠くにあるものをも含めて、この世界はすべてある方向へと進んでいるように感じる。SF小説のように世界の時間が止まって、自由に動けるのは主人公だけということはなく、その逆に自分だけが停止して、世界が動いてしまうという感覚も自然ではない。私たちはごくごく当たり前な感覚として、世界も自分も同じ時間の流れによってある方向へと進んでいると感じる。いや、アインシュタインの相対性理論によれば……とか、非ユークリッド空間は……とか、理論的な反論は存在するにしても、私たちの直感にはそのようなイメージが与えられているのであって、それが理論的合理的であるかは問わない。そのような直観が私たちに与えられていることが重要なのだとするのが、現象学的な立場であろう。ともかくもこの方向性によって、私たちは特に努力する必要もなく、いつのまにか世界と一体化している。

「私が前進し、また同時に世界が進歩する」のではなく、「私が前進すること」と「世界が進歩すること」とは一つなのである。

この方向性が生み出す「前進」には、しかし具体的な目標があるわけではない。現代都市に生きる私たちは、顧客へのレポートを明日までに提出しなければならないとか、算数の宿題を今日中に終わらせたいとか、締め切り時間のある目的や課題を多く抱えている。そのような目的が達成すれば「前進」は完結し、達成することなく期限をすぎれば「前進」は放棄される。けれどミンコフスキーが提示する「前進」は、そのような具体的な課題にとどまるものではない。

生命の躍動は、決してなんらかの意欲や、ある明確な目的に赴く傾向性や、時間のうちに次々と現れかかる意欲や目的の合計に、還元せられるものではない。[中略]それはすべての特殊な活動に不可欠の形式、すなわち枠、それなくしてはかかる活動が決して生じえないであろうところの雰囲気を創造する。

個々の具体的な課題、あるいはその総和には還元されず、しかし個々の課題と無関係でもなく、個々の課題を可能にする「枠」ないし「雰囲気」となる。そのような「前進」は「時間」的であると同時に、個々の課題が果たされる場面に関わるのであるから、「空間」的でもあろう。けれど、そのような「前進」は、どうして生命の躍動《エラン・ヴィタール》となりうるのか。

たとえば私たちは、電車に乗ってA駅からB駅へ向う。そこには具体的な課題としての「前進」

がある。しかしB駅に到着することが最終目的ではない。B駅で誰かと待ち合わせ、クライアントの会社まで歩いていく。三十分ほどの打ち合わせを終えると、またB駅まで歩いて戻り、電車に乗ってC駅と移動し……と、いくつもの具体的な課題が連鎖しながら一日が過ぎていく。そのような毎日を、私たちは辛うじて生きているのであって、時にはそのような連鎖が、永遠に繰り返されるかのような徒労感に陥る。それはとても、生命の躍動《エラン・ヴィタール》とは呼べそうにない。

けれど、そんな一日が終わって帰宅するとき、私たちは何とも言えない開放感にひたることができる。たとえ一時間か三十分であっても、一日の終わりに自由を満喫できそうな予感を抱く。もちろん受験生などは、そんな余裕さえ与えられないかもしれない。しかしどんな人間であれ、A駅からB駅へ向かう際に、B駅でうっかり降り忘れ、あわてて次の駅で反対方向の電車に乗りかえてB駅へと逆戻りする時には、なんとも言えないストレスを覚えるであろう。それは予定の会議や私的な待ち合わせに遅れるとかではなく、充分に時間的余裕がある場合でさえ、反射的に起こり得る。つまりは個々の具体的な目標にとらわれているかどうかに関わらず、本来の方向に進んでいるときには、潜在的な快感、ミンコフスキーのいう「前進」における「躍動」が存在しているのではないか。なんとも卑近な例であるが、現代都市を生きる私たちにしても、個々の課題における前進やその総和を超えたところにある「前進」には、なんらかの「躍動」が潜んでいるらしい。

ミンコフスキーはさらに、そのような「前進」が生み出す「躍動」は、私たちの人格的な躍動に他ならないと言う。

自我が生成に於て、生ける人格として自分を肯定する。自我はそれを如何にして行うのか。この問題を解くためには、私は前に赴き、かくして何事かを実現する、という現象を分析しなければならない。

この世界にあたえられた方向性は、私たちの背中を押して同じ方向性の流れに乗せる。しかしそれは受動的、あるいは強制的に行われるのではなく、その方向性に私たちが躍動なり快感を覚えることで、私たちは自分自身を肯定することができる。人格的躍動とはやや堅苦しい言葉であるが、毎日のように与えられる課題の連鎖を何とかこなしながらも、私たちはそのような課題の総和には還元されない漠然とした「前進」を感知し、その躍動を「生きている」と実感することで、自分自身に、少なくともある程度の合格点を与える。自分がひとりの人間、つまりは人格であることを肯定できるのではないか。

しかもここで重要なのは、そのような直感が、私たちの誰にでも与えられることである。つまりはなんらかの社会的な実績を達成した人間や、それによって充分な報酬や財産を得た人間、あるいは何らかの名誉を獲得した人間だけが、特権的に人格的な躍動を感じるわけではない。私たちが覚える「生きている」という躍動感は、特定の誰かではなく、不特定の多数でもなく、まさしく私という一人の人間すべてに与えられるはずである。

けれど、まだそれだけではない。ミンコフスキーはさらに、そのような人格的躍動には、決して私たちの自己のみならず、何か自己を超える因子が孕まれると言う。

私の人格的躍動は、決して固有の意味で主観的ではない。それは決してもっぱら自我から来るものではなく、決して自我に制限せられるものではない。なんとなれば、この躍動に於て、私は生命との連帯を一挙に感ずるのであるから。勿論、私の躍動は人格的である。しかしそれがそうあるのは、ただそれが私の固有の人格を越えるかぎりに於てであり、それが超個人的なひとつの因子を含むかぎりに於てである。この超個人的な因子は、それの有つ力にもかかわらず、私の人格を破壊して、それを無に帰せしめないばかりでなく、逆に自己がそれの真の存在理由であることを開示するのである。

ここに語られる自我と、それを超えるものとの関係、言い換えれば「世界の存在と相対峙した自我の存在という問題」は、決して深遠な哲学問答ではなく、政治党派的なアジテーションでもなく、ましてや怪しいカルト教団の教義《ドグマ》でもない。現代都市に生きる私たちを含め、誰にでも当たり前に与えられる直観であるらしい。たとえばどんなに鈍感な人間でも、自分がどこか奥地の密林に生きている絶滅危惧種の最後の一匹のようにではなく、自分以外の人間を含めた組織や社会的なもののなかで生きていることは否定しないであろう。最果ての無人島でロビンソン・クルーソーのように孤独に暮らしている人間にしても、人間という概念を抱かないはずはなく、その人間という概念が自分一人によってのみ成立していると考えるはずもない。彼が人間であるのは、彼がたった一人ではないからである。

歴史的な建築や街路に私たちが覚える安息に話を戻すならば、具体的な場所と一体化した時間の蓄積は、私たちの個人的な営為とは何の「結びつき」も持たないにもかかわらず、たしかに私たちに安息を与える。何故ならば、一人の人間である、あるいは一人の人間でしかない私たちの自我や人格を超えた何か否定しがたいものを、そこに実感するからではないか。それは時に、私たちを圧倒するほどの力を見せるが、その力で私たちを攻撃することはない。むしろ私たちが今ここに「生きている」ことの意義を保障してくれるような力、私たちが人間であることを誇りに思えるような力ではないか。前述したようにバシュラールは、人間は「家という揺籠」のなかに守られているとしたが、この「家という揺籠」を、「世界」に置き換えることもできよう。プルーストはコンブレーの鐘楼が体現する「永遠」を失い、しかしマドレーヌの味覚によって再び見出した時の衝撃を、「何か本質的なもので満たされた」と表現した。主人公という一人の人格が、「超個人的な因子」によって存在理由を与えられたのである。そのような出会いを、プルーストは「めったに起こらない」としたが、ミンコフスキーは、「人格的な躍動」における超個人的な因子との出会いを、誰にでも与えられるものであるとする。すでに引用した箇所に続き、時間とは何かについて、ミンコフスキーはこのように言う。

……私自身の生成を包むとともに、宇宙の生成、すなわち、端的に、生成を包む。それらを一緒に流れさせ、混淆させる。私の自我はそのなかに完全に溶け去るかと思え、しかしそれだからといって、私は私の人格の完全性が損ねられたという苦痛の感じを有つことはないのである。反対に、これが、いわゆる断念することなしに、自分の自我を諦める唯一の仕方なのである。

ここでいう「自我を諦める」とは、決して自己否定的な姿勢ではなく、むしろ世界との一体化、または世界との和解を意味するものであろう。歴史的な建築や街路を前にして、私たちは喜んでその偉大さに屈服することができる。そのような力強さのなかで自分も生かされたいと願望する。「諦める」とは本来、そのような希求を含む姿勢ではないか。現代都市に生きる私たちが、そこになんらかの生きられる「時間」性を見出そうとする時も、私たちはやはり、自我や自己の矮小さや有限性を超える何か本質的なものとの融合を求めているに違いない。

六　生きられる空間はどこにあるのか

さて、議論がやや先走りしたので、今一度、地に足をつけてミンコフスキーの空間論を見ておきたい。ミンコフスキーはベルクソンに対するもっとも特徴的な反論として、「生きられる時間」があるように、「生きられる空間」があると主張する。もっともそのベルクソンにしても、多くの脊椎動物や昆虫が大自然のなかを何百キロも迷わずに移動するという自然科学者の観察や、それらの動物が磁気流をコンパス代わりにしているとする学説を例に挙げ、このように推論している。

空間は動物たちにとって、われわれ人間が思っているほど等質なものではないということだ。動物にとっては、空間を規定するもの、つまり方位は、純粋に幾何学的な形式を持つものではないということだ。方位は動物にとって、微妙なニュアンスを伴う、それぞれが固有の質をもったものであるようなのだ。（ベルクソン　前掲書）

さらにベルクソンは人間にも、右と左という誰にとっても当たり前のように質的に異なる感覚があることに言及し、そのような質的な違いは自然界のいたるところにあるとも言うが、残念なことに、この場ではこの件について、それ以上は言及していない。

ミンコフスキーの空間論を見てみよう。

生きられる時間が存在するように、生きられる空間も存在する。空間はわれわれにとって決して幾何学的な諸関係に還元されるものではない。［中略］われわれは空間のなかで生きそして行動しているのである。またわれわれの個人的な生活も、人類の集団的な生活も、空間のなかで展開されるのである。［中略］生きるために、われわれは延長を、展望を必要とする。生命の開花にとって、空間は時間と同じように不可欠なのである。

幾何学的な空間、つまりは目を閉じてイメージする三次元空間のような絶対的な等質性のなかで、私たち人間は「生きられる」ことができない。しかし私たちは間違いなく空間のなかに存在しているのであり、空間的な広がりを必要とする。それはどのような直感として与えられるのか。

私は自分の前を眺める。すると私から遠く、あるいは近く離れた物体や人物が目に写る。しかし私はまた私の周囲に生活が繰り拡げられるのを見る。この生活がいたるところから湧き出るのを私は見るのである。私自身この生活に参与している。しかしそれはいわゆる直接的な仕方で、私に「触れる」のではない。私は自分がそれからある程度独立しているのを感じる。そしてこの独立性のうちには、空間性が存在するように思える。私を生活から分離する距離、あるいはむしろ私を生活と結合する距離のようなものが存在する。私の前には、私の活動性と私の生命とをなんの支障も受けず繰り拡げることができる、自由な空間のようなものがつねにある。私は、私が前にしているこの空間のなかで、くつろぎを感じ、自由を感じる。自我と周囲の生成との間には、物理的意味での、直接的接触はない。私と周囲の生成との接触は、われわれを互いに結合している「距離」を越えて、あるいはむしろこの「距離」に助けられて、実現されるのである。

ここで語られる距離とは、等質空間における数値としての距離ではない。私たちが周囲の事物との間に感得する「生きられる」距離であり、物理的に接触したりしなかったりとは無関係である。そのような距離によって、私たちは空間のなかで、何か具体的な行動を起こしたり起こさなかったりという、可能性の前提となる自由を感じる。

私が通行人たちとぶつかりそうになるのをそのつど本能的によけながら歩む、喧騒にみちた街路でよりも、私の前には地平線しかない砂漠での方が、この距離が大きいということはない。そしてもししいてどちらが大きいかを言わねばならないとしたら、私の生活がふだん展開されている状況から、あまりにもかけ離れた異常な状況のなかにただ一人でいるということから来る不快感のために、砂漠にいる方が、むしろこの距離は小さくなる……

この生きられる距離と似たものとして、私たち人間を含めた動物がもつある種の身体的な距離感がある。例えば公園のベンチに座っていると、鳩がエサを求めて寄ってくることがある。彼らは人間が身を乗り出すと、少しだけ離れる。しかし決定的に逃げ去ってしまうことはない。ある一定の距離感を保って人間を観察しているのであろう。同じように人間も、それほど混雑していない電車のなかで、他人があまりにも自分に近寄って立つことに不快感を覚える。そんなに混んでいないのだから、もっと離れてくれてもいいのではないかと思う。このような身体的な距離感は、しかしミンコフスキーの言う生きられる距離とは微妙に異なる。物理的な接触・非接触には関係しないとする生きられる距離は、たとえばまったく身動きの取れない満員電車のなかにさえ存在するらしい。実際に満員電車のなかで私たちは、何か楽しいことを空想したりして我慢しているのではないか。それでは「生きられる空間」は、精神的な自由という非空間的な概念なのかというと、それも正確ではない。「生きられる空間」は身体的な距離感と無関係ではなく、また精神的な自由とも無関係でもなく、それらが連帯する次元に属する「生の広がり」であるとミンコフスキーは言う。

われわれの周囲で繰り拡げられ、われわれもそれに関与している生は広がりをもっている。この広がりは、[中略]個人的な生きられる距離を包むわれわれの眼前にある空間のなかで演じられる、個々人の生命現象の豊かさや多様さにはるかに近いものである。

この生の広がりにおいて人間は、生成としての時間におけるのと同じく、決して単独に存在するのでない。他の人間や事物をも含めた社会的なものに触れ合うのと同時に、そこから独立した個人の自由をも保障されるのである。現代都市に生きる私たちの「生きられる場所」の喪失という問題意識において、『生きられる時間』という著書のなかで、もっとも肝要であると思われる次の数行を、五感を働かせて読んでみよう。

例えば私が街を歩くとき、私はたくさんの人々と行き交う。そして彼らの一人一人は、一つの全体に属しながらも、自分の道、自分の考えを辿っている。反対の方向に立ち去るひとも、厳密な意味では「触れ」合わないとはいえ、お互いに結びついたままである。それというのも、われわれの生は空間のなかで繰り拡げられ、それゆえに一体をなしているからである。このように空間はわれわれを集団化するのに力をかすが、しかしわれわれお互いの間には、われわれを個人にする自由な空間、生きられる距離がつねに残っており、そのために各人はこの空間のなかで自分自身の生を生きることが許されるのである。

このような「生きられる空間」を、誰が否定できるであろうか。いや、あまりにも当たり前すぎて、日常空間において私たちが、このように詳細な分析をしながら生きているわけではない。けれど、たとえば一眼レフ・カメラのファインダー越しに見る被写体は、肉眼で見るよりも何故か秩序立っており、かつヴィヴィッドであるように思えることがなかろうか。一枚の写真を撮ろうとする緊張感なり集中力、さらには何か浮きうきとした高揚感がそう思わせるのかもしれない。同じように「生きられる空間」も、可能性としては誰にでも与えられる直感でありながら、しかしただ漠然と周囲の光景を眺めていればよいわけではなく、たぶんそこに、一枚の写真を撮ろうとする際の緊張感や集中力、あるいは高揚感に比するものが必要とされるのではないか。一眼レフ・カメラのファインダーを覗きながら、私たちはズームやピントを調節するフレーム・ワークを行う。「生きられる空間」も同じように、私たちが「世界のなかにあること」の臨場感を体感するためのフレーム・ワークなのであり、そのように意識して初めて、生の広がりを実感するツールになり得るのではないか。

さらに検討してみよう。ミンコフスキーの「生きられる空間」は、トゥアンの提示した「場所」や「空間」の概念と、どのように関係するのか。「生きられる空間」において、私たちと社会的なものを共有する他の人間や事物が、私たちに対して友好的である保証はなく、むしろ敵対的であったり、いや、現代都市において、ほとんどの他者は私たちに対し無関心・無反応ではないか。つまりは「生きられる空間」が、そのまま無媒介的に「場所」性を生み出すわけではない。また「場所」性という概念にしても、生まれ育った故郷の町や、時に祖国というような物理的に広くまた抽象的な「場所」から、自分の家の自分の部屋、さらにはその部屋に置かれた自分だけが使用するべッドというように物理的にきわめて狭い「場所」まで、様々な場面に生じる。当然ながら生まれ育った故郷の町や祖国という「場所」性は、それを私たちと共有しているであろう多くの人間や事物が、私たちに対して潜在的に友好であることを前提とする。そのような「友好」がより現実的あるいは日常界隈的であるならば、町や祖国という物理的に広くまた抽象的でしかない「場所」性においても、私たちは「生きられる」と実感することができる。もっとも現代都市に生きる私たちにとって、そのような実感はすでに希薄なものとなりつつある。また一方で、自分の家の自分の部屋を、絶対的な自己愛の巣としてそこに閉じこもり、いっさいの社会的な関係を拒む人間は、「生きられる空間」を直感できないのではないか。そこには彼または彼女しかいないからである。

トゥアンが「場所」に対置した可能性としての「空間」は、私たちが部外者として観察する「空間」ではなく、当事者として踏み固め、価値体系を与えていく可能性としての「空間」であった。そのような「空間」においても、私たちは「生きられる空間」を直感することができよう。そこに何か社会的なものを共有し、同時に自由であることを保証されるという直感が、白紙的な「空間」を「場所」化していく際に、重要かつ不可欠なモチベーションとなるに違いない。そうではなく、「空間」を「場所」化するにあたり、「生きられる空間」という直感を拒否すれば、そこに生ずるのは、ただの孤独な幻想か自己陶酔にすぎなくなる。いや、そのような幻想や自己陶酔が具体的な行動に顕在化するならば、究極的には無差別殺人のようなテロリズムにもつながるのではないか。私たちが生きる現代都市において、しばしば報道される出来事である。

レルフが提示した没場所性の風景においてはどうか。「生きられる空間」は身体的・精神的な人間の本性に属するものであるから、人間性の均一化や消費社会の氾濫といった社会学的事象に駆逐されるはずはない。けれど「生きられる空間」によって共有される何か社会的なものや、自由であるべき人間自身の感性が没場所性によって深刻な変容を蒙っているとすれば、「生きられる空間」もそれなりの変質や変異を強いられるのかもしれない。「生きられる空間」は本来、誰にでも与えられるツールでありながら、現代都市においてはきわめて傷つきやすく、壊れやすいものではないか。そのような疑念とともに、もう少し『生きられる時間』を読み進めてみたい。

七　精神病者たち

生成によって前進を与えられ、超個人的な因子との融合のうちに、人間は自己を諦める。他者や社会的なものを含んだ周囲の生成と結びつき、「そのうちに溶解し、同時にこの相互的浸透の価値を了解する」。そのような生成との融合を、ミンコフスキーは「現実との生命的接触」と呼ぶ。再び単純化を怖れずに言えば、それは「私ひとりではない」という直観、あるいは確信ではないか。この世界には私ひとりではなく、私以外の人間や動植物や事物が存在し、私と同じひとつの生成、つまりは方向性をもった時間のなかで結び合うように生かされている。そう感じることで、人間は孤独ではなく、たとえば歴史的な蓄積をもつ建築や街路のような、自分自身を超えたなにか本質的なものの前に跪くことができるのである。

さて、精神医学書である『生きられる時間』には、多くの精神病者が登場する。ミンコフスキーが臨床医としての長い経歴のなかで診断した患者たちである。彼らの行動や発言は、普通の人間とは微妙に、あるいは激しく異なる。ミンコフスキーはしかしそのような現象を、正常に動いていた機械が壊れてしまったかのような、身体的機能や人格の障害とは捉えない。

……なんらかの一つの機能に関する一つの障害があるのではなく、不可分の全体としての精神生活の構造の全般的変様があるのである。表面に立つのは「病気である」ということではなく「違っている」ということであって、明らかにその結果として、しかもその結果としてのみ、それはわれわれの医学的要求から病的変様の表現として解釈されうるのである。［中略］われわれはいまや「欠陥」という言葉の代りに「相違」という言葉を用いよう。

精神病者は人格が崩壊しているのではなく、充分に人格的であるが、なんらかの理由により生成の豊かさから引き剥がされ、時間や空間のなかで「生きている」という直観が、深刻な変容を蒙っている。彼らは生命的な躍動を体感することができず、「私ひとりではない」という確信をうしない、世界のなかで孤立してしまうらしい。

例えば精神分裂病(現代では統合失調症)の患者は、生成である時間の流れと一体化することができず、その結果として空間的な因子が異常なまでに肥大化してしまうらしい。彼らは「周囲の生活とは離反したまま」、「どんな前方への突進も」を実感できず、世界はおそろしいまでに静的で、時間はメトロノームのように同時性を刻んでいるが、そこには「前進」ではなく、「反復」しか存在しない。

ある患者は、このように言う。

すべてがまるで時計のようだ。時間は時計のように展開する。人生の光景も時計と同じだ。時計や時間と同様、私の生活もいままでは分割されている。言葉をはさむことは何もない。ドタ、バタ、朝、昼、夕、夜、過去、現在、未来と進んでゆく、それがいつもあらためて繰返される。かぼそい生活しかない。それが繰返される。

彼らは生成、つまりは「健常者に於てはたえず前進しつつある尽きざる活動性に結びつく非合理的な力の感情」から引き離された結果、合理的な概念でこの世界を埋め尽くそうとする。その世界は目を閉じてイメージする三次元空間のように無色透明であり、すべての事物は法則に従って運行する。思考も感情もすべて、ことごとく解明されてしまったかのように平明である。

別の患者はこのように言う。

思考が停滞していた。いや、すべてが停滞していた。まるで時間がもう存在しないみたいに。私自身、非時間的存在のように思えた。魂にまつわる事柄は隅々まで透明で澄みきり、魂の奥底まで見通せるほどである。ちょうど数学の公式のようだ。数学の公式も完全に明断で時間の枠外にある。それには、結局、不動性しかない。

このような精神分裂病に対し、やはり主要な精神病である躁鬱病(現代の双極性障害)の場合は、生成における方向性、つまりは未来へと方向づけられている時間の本質が、病的弛緩によって深刻な変容をきたしている。「なんらかの理由でわれわれのうちに抑制が生じると、時間の進行は根底から変容せしめられる。時間の進行がまるで逆転させられたかのようだ。時間はただ過ぎ去り、償いようもなくただ逃走するようになる」。

ある二十歳の女性患者は、このように告白する。

私は他の人々が、計画を立て、それに時間を定め、しかもまったく平静でいられるのが理解できません。だから私は他の人々と接する異邦人のようであり、彼らの集まりからは離れ、自分がまったく異質であるかのように思えます。他の人々が話していても、私はそれを理解できません。いやむしろ頭では理解しても実を言えば、彼らが、いま私は話している、これはこれこれの時間続く、次に私はしかじかのことをするだろう、これが六十年続く、そうして私は死に、その後に別の人たちが来、また別の人たちが来る、彼らは私と大体同じくらいの間生き、私のように食事を摂り、眠るだろう、このことが無意味に幾千年と続くだろうということを、どうして気にせずに、おだやかに話せるのかが、わからないのです。

生成としての時間のダイナミズムを失った結果、彼らはそこに、「生きられる空間」を見い出すことができない。時間のなかでも空間のなかでも、彼らは「私ひとりではない」という直感を奪われてしまう。

けれど、このような精神病者の告白は、現代都市を生きる私たちにとって、何故かひと事とは思えない。統合失調症患者は、「時間は時計のように展開する」と告白し、双極性障害の患者は、自分は社会のなかで「異邦人のようであり」、同じような毎日が無意味に繰り返されることが耐え難いという。精神病者の言葉と知らなければ、まさに現代都市に私たちが覚える違和感そのものではないか。果たして現代都市に生きる私たちは、精神を病んでいるのか。それとも現代都市が正常ではないのか。もちろん、このような言い方は、しばしば見かける安っぽいレトリックである。実際には私たちのほとんどが、精神病者と自分との間には明確な境界線が引かれていることを疑わない。いや、私たちの大部分がなんらかの異常なメンタリティに染められているのなら、それが現代の

「正常」なのである。

八　現代都市に暮らすということ

精神病理学によって現代社会を解釈する試みは、決して新しいものではない。現代人の不安、現代社会の精神病理……などという社会学や心理学からの発言も多く、ほかならぬ精神医学関係者の社会分析がベストセラーになったりもする。けれどフランス精神医学の泰斗であったアンリ・エーは、「精神疾患の概念は許容範囲と境界線で厳密に範囲を定められている」(『精神医学とは何か』)とし、その概念を社会一般へと適用する「よろず主義」を戒めた。現代都市に生きる私たちの精神病理は……などと、安易に言うことはできないらしい。けれどミンコフスキーの提示した「生きている」ことの本質と比較するに、現代都市に生きる私たちの時間や空間に関する直感は、間違いなく、なんらかの変容を強いられているように思える。エーの戒めを踏まえつつ、そのあたりを見ていきたい。

例えば「すべてがまるで時計のようだ。時間は時計のように展開する」という精神病者の告白は、現代都市において時間に追い立てられながら生きている私たちには、ごくごく当たり前な感覚であろう。私たちにとって時間とは時計そのものであり、それがアナログ表示かデジタル表示か、表示されるのが朝のニュース番組の画面なのかスマートフォンなのか、それとも壁にかけられた時計なのかによらず、時計によって時間を判断するのが当然と思っている。私たちは一日に何回も、時には何十回も時計を確認しながら活動する。文字通り、時間と競争しているのである。何故なのか。おそらく私たちが生きている社会が、効率化を最優先するからであろう。日々の仕事に追われる社会人も、試験勉強に励む受験生やリクルート活動に駆り立てられる学生も、求められるのは目標を達成するための効率性であり、ほんのわずかな非効率性も、批判や改善や排除の対象とされる。

現代都市を離れ、どこかの山里で壷を焼く陶芸家をイメージしてみよう。彼または彼女は、まず土を捏ね、ロクロをまわして壷を成型し、釉薬を施し、何日かかけて釜で焼く。そのすべての工程を、たいていは一人でおこなう。けれど現代の製陶会社では、そのようにはいかない。工場現場に限っても、土を捏ねる人間、成型する人間、釉薬を施す人間、釜で焼く人間といった役回りが連携して作業するのではないか。さらにその会社の人事や経理を管理する人間、売り込みを担う人間、仕入れを担当する人間といった役割分担によって会社は組織づけられている。同じように、現代都市に生きる私たちの仕事のほとんどは、企業なり公共団体といった組織のなかで分担される役割のひとつであろう。何故ならばそのような組織の方が、効率的と考えられるからである。

なんらかの目的を達成するための作業工程を、異なる役割の連携に組織すること、つまり分業体制は、機械生産を可能にした産業革命において圧倒的な展開を見た。農村部から解放され工場に吸収される労働者に、一個の壺をすべて一人で製作する陶芸家の熟練度を求めることはできない。しかし全工程を五つに分割すれば、それぞれの作業に必要な熟練度は、五分の一に低下する。さらに百の工程に分割すれば、熟練度も百分の一となり、その作業を順次機械化する可能性がうまれる。それでもなお熟練度を要する作業が残るならば、もともとの製品デザインを単純化して排除すればよい。そうなれば個々の人間の作業は、機械の補完的なものになる。熟練度を必要としない労働力ならば、子供にも担える。子供を働かせれば、人件費を安く抑えることもできる。実際に産業革命とは、そのようなものであった。

このような効率化の原理は、大量生産大量消費が社会へと浸透していく過程で、際限なく展開されてきた。現代都市に生きる私たちも、その歴史的な延長線上に生きている。産業構造の比率が第二次産業から第三次へと転換しても、役割分担による効率化の原理は変わらない。私たちの仕事はますます細分化し専門化し、その他ほとんどの役割は他人の手に委ねられる。機械による生産の自動化のかわりに、現代ではアプリケーションが熟練度を要する複雑な作業を代行する。今や多くの企業が総務や経理をそっくりアウト・ソーシングするのも、同じ効率化の原理による。一企業内ではなく、社会全体で分業するのである。そうでもしなければ、過酷な競争社会に生き残れない。私たちは、「消費」する「大衆」現象と同じように、分業体制による効率化の原理をも近代社会から継承し、際限なく発展させてきた。生産活動に限らず、子供の受験勉強においても、当然ながら同じように効率化の競争があり、私たちが仕事を休んで海外旅行に出かける際も、限られた日程でいかに効率よく観光地をまわれるかについて、ミシュランのガイドブックが最良のアドヴァイスとなる。

絶え間ない効率化競争が繰り広げられる現代都市においては、「時間」もまた、商品化の対象となってしまったかのように思える。本来なら自分でこなすべき仕事やサービスを、敢えてお金を出して他人にゆだねるとき、私たちは当たり前のように「時間を買う」とさえ言う。「時間」は今や時計によって確認され、金額に換算される。そのような社会に私たちは生きている。「空間」の効率性を求める現代都市は、その「時間」性において絶対的に貧しいのではないかとしたが、私たちを支配する「時間」が、ベルクソンの言う「空間概念の亡霊」にすぎないのであれば、「時間」もまた効率化の対象となり、商品となりうるのは当然かもしれない。

そのような現代都市にあって、私たちは生成、つまりは「生きている」ことの躍動を直感し、現実との生命的接触、この世界に「私ひとりではない」という確信をもつことができるのか。必ずしもそうでない時があることを、ミンコフスキーも認めている。

人生のある種の瞬間に於て、自我は、それがなし、達成しうるすべてのことを合せても、周囲の生成と較べてきわめて僅かなものであり、所詮なにものでもないと、反省のうえで、思うことが、われわれに起らないだろうか。[中略]「それがなにになる」という気持が、そのときわれわれを捉える。われわれのうちの誰も不可欠ではなく、われわれのひとりひとりはこの世の一偶発事でしかない。そうではないであろうか。

このような感慨が現代都市に生きる私たちに、「ある瞬間」ではなく、日常的・恒常的に共有されているのではなかろうか。現代都市を支配する時間はあまりに正確に数値的であり、アナログ時計の針がぐるぐると廻り続けるように、時間は「前進」ではなく、ただの堂々巡りとなる。あるいは「まるで時間がもう存在しない」かのような擬似的な静止状態が、永遠に続くように思える。この「私ひとり」が消え失せたところで、世界はなんの不都合もなく機能しており、わずかな誤差も矛盾も生じない。それはまるで、「数学の公式のよう」に明白である。他の人間や事物とのふれあいも感じられず、「私」はまるで「異邦人のよう」に孤立している。いや、孤立しているのは「私ひとり」ではない。すべての「私」がお互いを「異邦人のように」感じているとすれば、もはやそこには、生きられる空間など、どのようにも直感しようがないのではないか。

もちろん、そのような現代都市においても、私たちは何がしかの安息を見いだすことができる。それは一日の終りの短いけれど自由な時間であったり、高層ビルの窓から遥か地平線に眺める山の稜線であったり、雑踏のなかで久しぶりに聴く昔の流行歌であったりもする。現実の都市から離れ、ヴァーチャルな空間で行われる交流にしても、物理的な接触・非接触に無関係であるという意味では、「生きられる空間」らしきものであろうか。いや、日常の現実空間において「生きられる空間」を見出し得ないために、ヴァーチャルな空間が求められるのであろう。けれど毎朝の通勤・通学の電車なかで、スマートフォンやゲーム機に熱中する人間も、会社や学校に到着すれば、現実の空間で戦わなければならない。

かつて荷風やプルーストが呪詛した消費社会現象は、この世界の事物や出来事をことごとく商品化の対象とし、都市空間そのものも商品化するに至った。同じように絶え間ない商品化が生み出す競争原理は、私たちの生活すべてに効率化を促し、ついには時間までも商品化するに至った。もちろん効率化の原理は、ミンコフスキーが批判的に検証した近代科学と、その前提となる近代合理主義を源泉としている。近代社会から現代へと受け継がれたこの圧倒的な潮流は、十年二十年という単位で変化する流行や時代思潮とは異なり、これから先も営々と私たちの生を変容させ続けるに違いない。果たして私たちは、そのような現代都市を受け入れるしかないのか。それとも何か、今からでもできる対抗策があるのか。

第四章　何ができるのか

一　序論

現代都市に失われた「時間」性を回復し、生きられる場所への「信頼」を見出すために、何ができるのか。建築家や都市計画家、あるいは行政がどのような「計画」を行えばよいかではなく、現代都市に生きるすべての人間、つまりは「計画」者ではない一個人にできることを考えてみたい。もちろん現代社会には、経済学的・社会学的な政策があり、宗教的な解決策を提示する集団もある。さらに世界を見わたせば、武力による変革を主張する勢力にも事欠かない。けれど今ここでは、そのような社会的・集団的・党派的な発想ではなく、あくまでも一人の人間が、誰の協力も必要とせず、また誰にも知られずに始められることを模索したい。

何故ならば社会的・集団的・党派的な志向は、なんらかの理論的な支柱を必要とするからである。けれどすでに見たように、科学的な理論を含め、もろもろの理論が理論として成立するためには、抽象化や数値化をともなう仮定なり条件が必要とされる。そのような抽象化や数値化は、私たちの生の多様性を排除してしまう。理論はたいていの場合、この世界を「理解可能」なものとして提示し、それが「計画」として実施される際には、「操作可能」なものとして仮想する。そのような「計画」的な志向に対して、ひとまずは距離を置いてみたい。

社会的・集団的・党派的な志向はまた、なんらかの組織を必要とする。組織的なものはすべて、ある目的へと方向づけられている。そうでなければ組織とは呼べない。けれど組織はたいていの場合、何らかの目的を達成するために、役割分担による効率化を推進する。そのような役割分担は、そこからはみ出すものを異分子として排除する。私たちが立ち止まったり、思い悩んだり、後戻りする余地を、そこに見いだすことができなくなる。

社会的・集団的・党派的な志向はさらに、商品化されるリスクを孕んでいる。何らかの目新しさや話題性は、情報価値として流通する　新たな流行が生まれれば、新しいツールやサービスの需要が派生する。かつて世界的なツーリズムの大流行は、旅行カバンやカメラの大量生産をもたらし、現在のエコ・ブームにしても、多種多様な省エネ機器や家電製品を生み出しつつある。もちろんそれらの商品が、私たちの生活を便利で快適で持続可能なものにしていくことは否定しないが、そのような現象においては、時にブームが先なのか商品化が先なのか、判然としないことがある。現代社会を見わたせば、なんらかの商品化のために、ブームが巧みに仕掛けられることも稀ではない。ともかくも社会的・集団的・党派的な志向には必ずといってよいほど、なんらかの新たな商品化が伴う。そのような現象からも、今は距離を置いてみよう。

理論的志向、効率化、商品化と距離を置くのであれば、これから模索しようとする試みは、非論理的・非合理的であり、その結果として非「計画」的になるであろう。つまりは偶発的であり、場当たり的なものになるに違いない。また非効率的であるゆえに、のらくらとして緩慢で、迷路をさまようような試行錯誤に陥るかもしれない。また商品化の罠にはまらないためには、どのような購買行為とも無縁でありたい。市場価値や利益を生み出すことはなく、当然ながらＧＤＰに貢献する経済政策とはなり得ない。いや、むしろ逆の効果をおよぼす可能性もあろう。

二　至近をさまようこと

まずは「さまよう」ことについて考えてみたい。オットー・フリードリッヒ・ボルノウは『人間と空間』のなかで、さすらうこと、さすらいあるくことは「現代文化批判の成果」であるとし、このように言う。

さすらいあるく者は特定の目標に最短の道をとって到達するためにさすらい行くのではなく、さすらいのためにさすらい行くということである。さすらいあるくことは自己目的なのである。

ここでボルノウが言う「さすらいあるく」ことは、ある程度の時間的な持続、たとえば数日間または数週間を伴う行為である。現代都市に生きる私たちも、ある程度の長さの休日を得て、国内か海外のどこか魅力的な場所を、目的も定めずさすらい歩きたいと思う。そのようなテレビ番組も、最近は人気があるらしい。けれどそんな、年に一度あるかないかの機会ではなく、現代都市において日常的に成立する「さすらいあるく」行為として、「さまよう」こと、それも「どこか遠くへ」ではなく、ごくごく近い範囲を「さまよう」ことについて考えてみよう。

例えば毎日の通勤・通学路から、一本はずれた道を歩いてみるのはどうか。もちろん、いつもより少しだけ時間がかかる。けれど私たちの毎日を支配する直線的な時間や合目的性から、束の間ではあるが自由になることができる。もしかしたら、何か思いがけない発見があるかもしれない。いや、なかったとしても不満を覚える必要はない。何かを見つけようという意図、つまり行動に対価を求めることは、さまようことを合目的性のなかに拘束することになる。仲間や愛好者を募り、ガイドブック片手に町歩きする行為は、さまようことではない。

さまようのであれば、ガイドブックはもちろんのこと、地図も持たない方がよい。地図こそは計測的な「空間」性の産物であり、「さまよう」ことに「計画」性を介入させる。因みに荷風は散策の折、同時代の近代地図ではなく、江戸期の絵図をもち歩いたという。

凡《およ》そ東京の地図にして精密正確なるは陸地測量部の地図に優《まさ》るものはなかろう。然し是を眺めても何等の興味も起らず、風景の如何《いかん》をも更に想像する事が出来ない。土地の高低《こうてい》を示す蚰蜒《げじげじ》の足《あし》のような符号と、何万分の一とか何とか云う尺度一点張《ものさしいってんばり》の正確と精密とは却《かえっ》て当意即妙《とういそくみょう》の自由を失《うしな》い見る人をして唯《ただ》煩雑の思《おもい》をなさしめるばかりである。

（『日和下駄』第四）

大日本帝国陸地測量部作成の東京地図は、街区のみならず個々の建築物の配置や輪郭線までも再現し、明治終盤以後、数年ごとに修正を加えている。近代東京の変遷を知る上で、またとない貴重な資料である。それを何故、荷風はここまで生理的に嫌悪するのか。

例えば、たびたび引用しているトゥアンの『空間の経験』は、迷路を歩かせる実験においてネズミと人間とは大差ない結果を示すという例をあげ、「人間の大脳は、道を見つけるという、動物の生存にとって不可欠の技能を身につけるには無用の長物なのである」と結論づける。「道を見つける」ために人間は、必ずしも抽象的な「空間」性、その最たる成果である地図を必要とはしない。むしろネズミと同じように小脳を働かせ、動物的な感覚を頼りにするらしい。つまりは私たちが「さまよう」場合も、肥大化した大脳が拠り所とする地図を捨て、むしろプルーストが「……のほう」と呼んだ感覚を大切にするべきではないか。因みに引用箇所につづいて江戸の絵図を礼賛する荷風の主張は、あまりに見事なので引用しないわけにはいかない。

見よ不正確なる江戸絵図は上野の如く桜咲く処には自由に桜の花を描《えが》き柳原《やなぎはら》の如く柳ある処には柳の糸を添え得るのみならず、又飛鳥山《あすかやま》より遠く日光筑波《にっこうつくば》の山々を見ることを得れば直《ただち》にこれを雲の彼方《かなた》に描示《えがきしめ》すが如く、臨機応変《りんきおうへん》に全く相反せる製図の方式態度を併用して興味津々《きょうみしんしん》よく平易にその要領を会得せしめている。この点よりして不正確なる江戸絵図は正確なる東京の新地図より遥《はるか》に直感的また印象的の方法に出でたものと見ねばならぬ。現代西洋風の制度は政治法律教育万般のこと尽《ことごと》く此《これ》に等しい。現代の裁判制度は東京地図の煩雑なるが如く大岡越前守《おおおかえちぜんのかみ》の眼力《がんりき》は江戸絵図の如し。さらに語《ご》を換《か》ゆれば東京地図は幾何学《きかがく》の如く江戸絵図は模様のようである。

西洋近代と江戸期との地図技法の違いから、社会制度へ、西洋流の近代化批判につながるあたりは荷風の面目躍如であろう。西洋流の地図の本質を「幾何学」性とする指摘は、ベルクソンにも重なる。比較するに、現代から見れば直感的であり印象的な曖昧さを残す江戸絵図は、現象学的なのであろう。

それでは荷風の『日和下駄』を片手に、現代の東京を歩いてみようと言いたいところではあるが、それもまた合目的性に囚われることであり、実践してもほとんどの場所で見出されるのは、近代から現代に至る東京のあまりの変貌ぶりでしかない。さらに言えば『日和下駄』に従わなくても、ケヴィン・リンチによれば、かけがえのないものはごくごく身近な、なにげない風景のなかに眠っているのである。

地図もなくさまようこと、毎日の通勤・通学路から一本はずれた道でもよいし、もう少し足を伸ばしたり、途中下車した駅前でもいい。何かを発見できても、できなくてもよい。「計画」や合目的性から離れ、場当たり的な偶然性に身を任せよう。ミンコフスキーもまた『生きられる時間』のなかで、「偶然性」に言及する。

……もし生きられる距離という現象に最も近く、この現象の特性を最も尊重する合理的概念を捜すならば、非予見性、偶然、偶然の一致、偶発性等の概念がそれであろう。

再び精神病者の症例をあげれば、生きられる空間を直感できない患者は、病院の掲示板に張られた注意事項が、不特定多数ではなく、ただただ自分だけのために張られたものだと思い込む。あるいはA医師から処方されているのと同じ薬をB医師からも処方されたのは、自分が知らないところでA医師とB医師とが打ち合わせたからだと信じて疑わない。病院の掲示内容が「偶然に」自分に適合するものであるとか、A医師とB医師が「偶々《たまたま》」同じ薬を処方したという発想が、彼らからは失われている。偶然性が介在できない世界は、合理的な因果関係のみによって息苦しいまでに構築されてしまう。けれど私たちが生きている世界は、決してそのようなものではない。合理的には理解も予想もできない偶発的な出来事が、いくらでも介在する。それらの出来事は、本質を欠いたどうでもいいものではなく、むしろ私たちの生において、根源的な役割を果たしているとミンコフスキーは言う。

……いわゆるどうでもいい出来事が、少くともそれらを全体としてみる限り、外見ほどにはどうでもいいものではない、ということを付言しなければならない。それというのも、それらの出来事が、われわれの呼吸する空気と同じくらい生にとって不可欠と思える、背景を構成しているからである。この背景は生の構成要素の一つでさえある。それをいまやわれわれは生の広がりと呼ぶのである。

地図もなく場当たり的にさまよえば、道に迷うかもしれない。しかし迷うことがなければ、偶発性に出会う機会は限られる。迷うことを怖れる必要はなく、むしろ歓迎する方がよい。ではどのように迷えばよいのか。

現代都市は都心部であれ郊外の住宅地であれ、ほとんどの地区が区画整理されている。区画整理は計画道路とともに、行政が果たす大きな役割なのである。そのような区画整理は、たいていはタテヨコに走る道路と、その道路に囲まれた長方形の街区によって構成される。ニューヨークのマンハッタン島に象徴されるグリッド・パターンのミニチュア版が、現代都市の至るところに嵌め込まれてきた。グリッド・パターンによる直線的な道路は、移動時間を最小限にする。地図との照合にも便利であり、容易に目的地へと到達できる。グリッド・パターンは何よりも効率的であり、合目的性にかなう。そのようなグリッド・パターンのなかで、迷うことは難しい。

現代都市において迷うためには、まずはグリッド・パターンを離れるのが良い。区画整理は決して完全無欠ではなく、現代都市にはまだ、グリッド・パターンに侵食されていない余地や余白が残されている。そのような場所を地図で探すのもよいが、できるならば、さまよいながら発見したい。たとえば東京という現代都市は、幾筋かの尾根と、その間に挟まれた谷と、その高低差をつなぐ無数の坂道によって構成される。東京の坂道はすでに多くの著作に扱われているが、その元祖が横関英一の『江戸の坂　東京の坂』であるように、名前のつけられている東京の坂道のほとんどは、明治維新以前にまで遡ることができる。坂道が走る高低差はグリッド・パターンにとって、容易には攻め落とせない難所なのである。その証拠として最近は、東京の谷筋をさかのぼり、突き当たりのすり鉢状地形を研究する学会も誕生している。坂道や石段とともに、すり鉢状になる谷筋の行き止まりも、グリッド・パターンでは征服が難しい。坂道と同じく、そのような谷筋に名前がついていることもあり、しかし名所名跡ではないありふれた場所が、興味を抱く者には、これまで誰も研究しなかった処女地であるらしい。

退屈なグリッド・パターンを離れ、例えば崖下を蛇行する道に迷い込み、ふと見つけた細い路地へと分け入る。突き当たるかと思えたその先が、石段となって崖上へと出はずれることがある。辿り着いた谷地の突き当たりに、まだ誰かが使っているらしい古井戸がある。そのような発見がもたらすささやかな感動なり快感は、経験したものにしかわかりえないものではないか。もちろんそのような発見は、郊外のニュー・タウンの如く隅から隅まで完璧に「計画」されたゾーンには期待できない。東京であれば荷風が好んで徘徊した下町か、下町と山の手とが侵食し合うあたり、複数の時代の生活史が重なり合う場所が良い。ニュー・タウンであればそのゾーンと外部との境界付近に、何か合理的でない偶発性が隠されているのではないか。ともかくもケヴィン・リンチが指摘するように、かけがえのないものは、ごくごく身近な陳腐でありふれた場所にある。迷うことを目的にする必要はないが、さまようことである日、何か意外な「場所」性に行きあたるのではないか。

三　所有をあきらめること

人間は家という「世界の片隅」に根を張って生きている、とバシュラールは言う。愛着や安息を生み出す「場所」は、まず何よりも自分の家や部屋であろう。そのような家や部屋は、たいていは自分自身や肉親の所有物か、賃貸物件である。つまりなんらかの権利関係をもつ「空間」に「場所」性は生じやすい。自分のものであること、他人には無断で侵害されないという意味で、そこに「守られている」という安心感を得ることができる。権利関係はなくとも、たとえば喫茶店に入って一杯のコーヒーを注文し、何がしかの時間くつろぐことができるという場合も、そこに発生する「場所」性は、コーヒー一杯の値段と拮抗しているに違いない。つまりたいていの「場所」性は、お金で買うことができる。けれど、それがすべてなのか。

自分の所有物ではなく、賃貸物でもないもの、つまりはどのような権利関係も持たない「空間」にはいっさいの「場所」性が生じ得ないのであれば、私たちは安息を得るために、ひたすら権利関係を拡張してゆかなければならない。たとえば不動産についてなら、家を購入し、別荘を購入し、リゾート・ホテルの会員権を購入し……というような拡張を続ける経済的に余裕のある人間も少なくない。いや、それは「場所」性の安息を得るためではなく、単に「安息」というイメージを消費する場合の満腹感の欠如によるのかもしれない。もちろん、多くの人間はそんな余裕とは無縁であり、別世界の出来事のように感じるであろう。しかしごくごく一般的な経済状況にある人間でも、愛着なり安息の対象となる事物は、家であれ、ペットであれ、お気に入りのグッズであれ、購入または賃借された物がほとんどではないか。

現代都市において、骨の髄まで「消費社会」にひたっている私たちは、そのような安息と「所有」との関係を、当然のこととしてとらえている。消費社会は私たちに対して、絶え間なく「消費せよ！」という信号を送ってくる。「この商品を買えば毎日の生活が便利になりますよ！」、「この商品を買えば幸福が手に入りますよ！」、「この商品を買えば他人との差別化ができますよ！」といった信号が、現代都市には満ちあふれている。けれどすでに宣言したように、今ここでは、そのような消費社会的な誘惑と手を切りたい。所有・非所有という論理から自由になろうと思う。もちろん、何も買わないということではない。世捨て人になったり、どこかの山里で自給自足生活を夢見ることは、現代都市に生きる私たちすべての選択肢とはならない。ただ出来るならば、消費社会的なデータにおいて存在しない人間となること、満腹感もなくひたすらイメージを消費する毎日から、ほんの少しでも距離を置くことにしよう。

所有・非所有の区分を離れてさまよえば、たいていは他人の所有物か、公共物に出会うことになる。いや、そのような分類も権利関係の有無によるのであり、まずは権利関係的な所有・非所有の観念から、自由になる必要がある。プルーストが描くコンブレーの鐘楼は、当然ながら主人公の所有物でない。にも関わらず、彼はその永遠性の庇護を受けていた。ミンコフスキーの「生きられる空間」にあって共有されるものも、単純な権利関係に還元できるはずはない。「私ひとりではない」という現実との生命的接触において、私たちは自己を超える世界と対峙し、そこで何か本質的なものを共有する。そのような権利関係を超えたところにある「所有」について考えてみたい。

たとえば現在都市のグリッド・パターンを逃れ、行き止まりかと思えた坂道が不意に崖上へと出はずれるという発見がもたらす快感は、当然ながら権利関係上の所有・非所有の圏外にある。谷筋に見出す古井戸も私たちの所有物ではないにもかかわらず、そこにささやかな「場所」性が生み出される。つまりは街路や建築、公園にある樹木や花々などにも、所有・非所有を超えた愛着が芽生えることがあるに違いない。そのような直感を手がかりとしたい。地図もなく、あてもなくさまようちに、佇まいのよい古い木造家屋があれば、立ち止まって眺めればいい。他人の家であっても、その家に蓄積されているであろう暮らしぶりを想像することはできる。あるいは通りすがりの野良猫に、好きな名前をつけてもよい。ただそれだけのことで、生の広がりが生み出されるのではないか。近所の公園に印象的な樹木があれば、その樹種を調べてみる。樹名を記した管理標識がついているかもしれない。葉っぱ一枚を採取すれば、樹種を特定できる図鑑もある。その一本の特徴をある程度つかむことができれば、どこをさまよっていても、同じ樹木を見つけることができる。初めて見つけたのに、古い知人に出会ったような懐かしさが湧いてくるかもしれない。現代都市は樹木などの環境に乏しいように見えて、よくよく見ればいたるところに多種多様な樹木がある。花の咲く木、実のなる木は特に見分けやすい。寺社や名跡のありがたい大木である必要はない。他人の家の庭木でもよい。ありふれた場所にある何気ない、貧相でさえある一本の樹木が、生の広がりを生み出すのではないか。

もっとも、そのように「所有」されるものは、当然ながら失われる可能性を孕んでいる。古い建築は簡単に解体されるし、野良猫は不意に姿を消す。幹線道路の街路樹が、あまりに大木となって倒壊の恐れがあるという理由で、呆気なく伐採され、育ちはじめたばかりの若木に「交換」されることもある。こと街路樹に関してさえ、現代都市において「時間」性の蓄積を望むことは難しい。けれど、失われることを嘆く必要はない。前述したようにプルーストによれば、「本当の楽園は失われた楽園にほかならない」からである。たしかに『失われた時を求めて』において「失われた時」が「見出される」のは、幼少年期という黄金時代から何十年もが過ぎ去り、すべてが失われてからであった。またバシュラールが私たちに思い出させようとする「生家」にしても、幼少年期の私たちが現在進行形としてそこに育まれている「生家」ではなく、すでに失われた「生家」なのである。

絶対的想像力の世界では、ひとはのちのちまで若い。その世界において真にいき、そのイメージの実在を体験し、一切の情念を超越する絶対昇華においてこの世界を体験するには、地上楽園を喪失しなければならない。

（『空間の詩学』）

因みに現代では不朽の名声を獲得しているが、死後は長く忘却され、しかし『失われた時を求めて』においてスワンが研究対象とするなど、ほかならぬプルーストの評価にもあずかって復活したフェルメールの代表作『デルフトの眺望』について、プルーストは晩年の書簡のなかで「この世で最も美しい絵を見た」と言う。

十七世紀オランダの画家フェルメールは、古都デルフトに生まれ、生涯のほぼすべてをこの都市で過ごした。縦九六・五センチ×横一一五・七センチの大作『デルフトの眺望』は、街の精神的な中心となる教会の鐘楼を遠景に、運河や橋、商船や商人たちの住居、庶民の女たちに至るまで、まさにデルフトという都市のすべてを、そのディテールに至るまで描きだす。けれどプルーストが「この世で最も美しい」と評するのは、その類まれな描写力とともに、そのような近世都市デルフトの風景が、プルーストの時代にはすでに完全に失われているか、ほぼ失われつつあったからではないか。『デルフトの眺望』はプルーストにとって、まさに「失われた楽園」のディテールなのである。

比較するにやや卑近な例ではあるが、近年のレトロ・ブームにて礼賛される昭和の木造家屋がつらなる町並みにしても、同時代的には憧憬や愛着を覚えることもない、まったく当たり前で、貧相でさえある光景ではなかったか。「失われて」初めて、それらは辛うじて「楽園」となり得たのであろう。

権利関係を超えたところで「所有」すること、「失われる」ことによって「見出される」という事例は、荷風作品にも頻繁に登場する。江戸の市井の風物などが、「すでに失われた」ものとして描写されるが、彼の生涯のまさに目の前で「失われつつあるもの」を描くとき、その筆力は見事に極まる。

夏の洲崎《すさき》の遊郭に、燈籠の催しのあった時分、夜おそく舟で通《かよ》った景色をも、自分は一生忘れまい。苫《とま》のかげから漏れる鈍い火影《ほかげ》が、酒に酔《よ》つて喧嘩している裸體《はだか》の船頭を照す。川添いの小家の裏窓から、いやらしい姿をした女が、文身《ほりもの》した裸體《はだか》の男と酒を呑んでいるのが見える。水門の忍返しから老木《おいき》の松が水の上に枝を延ばした庭構へ、燈影《ほかげ》しづかな料理屋の二階から藝者の歌う唄が聞える。月が出る。倉庫の屋根のかげになって、片側は眞暗な河岸縁《かしぶち》を新内のながしが通る。水の光で明く見える板橋の上を提灯つけた車が走る。それ等の景色をば云い知れず美しく悲しく感じて、満腔の詩情を托したその頃の自分は若いものであった。煩悶を知らなかった。江戸趣味の恍惚のみに満足して、心は実に平和であつた。（『深川の唄』）

まだ充分に若く、煩悶を知らず、平和であったことの大切さがわかるのは、それらがすべて「失われた」からに他ならない。このような風物もそれを感受する若き日の荷風自身も、失われて初めて、「楽園」となり得たのである。

現代都市を生きる私たちが、合目的性を離れてさまようとき、何気ないありふれた場所に見出す安息は、すでに失われてはいないものの、失われるかもしれないリスクを孕んでいる。急速に変貌していく現代都市のあわただしさは、私たちに多くのものが失われていく様を目撃させる。そのような変化・変貌にあっては、権利関係上の所有さえもたいして役に立たないのではないか。とりあえずは、細い路地の奥にある名前もない坂道や、一本の樹木、佇まいのよい他人の家に愛着を覚えることからはじめてみよう。もちろん、路地や坂道は区画整理によって失われる。樹木は伐採され、他人の家は何の前触れもなく更地になっていたりする。けれど嘆く必要はない。それらは失われて初めて、「楽園」となるに違いない。そのためにはまず、その坂道や一本の樹木、他人の家をよく観察してみるのがいい。そのディテールに至るまで、プルーストのような情熱と観察眼をもって把握してみよう。

四　知らないということを知ること

さまようこと、所有・非所有という固定観念から離れ、生の広がりを求めることは、知識や教養を増やすことではない。たしかにレトロで趣のある建築を見つけたり、新しい抜け道を発見すれば、それだけ情報が増えたことになる。カフェや飲食店に立ち寄って、ブログを書いたり、フェイスブックに写真を上げることもできる。けれどそのように情報量を貯え増やすことが、「知っている」ことになるわけではない。

言うまでもなく現代社会は、情報量の時代である。インターネットを介した夥しい情報が、私たちに提供される。訪れたことのない何処か海外都市のあるホテルを、地図上で検索し、空室情報を確認し、そこまでたどり着く交通手段も調べる。グーグルのストリート・ビューで、街路の様子さえも確認できる。さらにはその日の天気や天候、為替レートを確認すれば、そのホテルについて、だいたいの知識を得たことになる。すべて検索するのに、数分あれば充分ではないか。けれど充分な情報を得たからと言って、そのホテルを「知っている」ことにはならない。「知識があること」と「知っていること」は決して等価ではないと、トゥアンが指摘した通りである。

もっともそのトゥアンにしても、そのような状況が人間の歴史において、決して普遍的ではなく、そうではない時代、つまりは「知識があること」と「知っていること」が、そのまま等価となる時代があったことを暗示する。

かつて建造の活動は、一つの世界を創造することと考えられていたのであるが、そのような建造の活動の中心に位置する祭式と儀式はすっかりすたれてしまい、その結果、大きな公共の建物を建てるときですら、礎石を置いたり頂部に最後の石を置いたりすることを貧弱に暗示するるだけの身振りがあるにすぎなくなっている。〔中略〕現代の社会では、ある文化の価値と意味を具現化するために物質的なものと物理的環境に依存する度合がますます低くなってゆき、その結果、だんだんと言葉による象徴が物質による象徴にとって代わるようになり、建物よりも書物によって知識情報があたえられるようになっているのである。

象徴それ自体も、精神と感情のなかで反響する力をかなり失ってしまっている。そのような力は、首尾一貫した世界が存在しなければありえないからである。（前掲書）

この指摘は鋭く、私たちの生きている現代都市を、歴史のなかに相対化する。現代において「知識があること」と「知っていること」とが等価でないのは、私たちの生きている時代が、「首尾一貫とした世界」ではないからである。古代ギリシャの神殿や、ローマのバチカンのサン・ピエトロ大聖堂、日本で言えば奈良の法隆寺や大仏を例示するまでもなく、その時代の文化、宗教、政治、神話、教養、技術が根本的にひとつの世界観となるような絶対的な実在性のシンボルを、現代都市に求めることはできない。もちろんミシュランのガイドブック片手に、観光旅行でバチカンの大聖堂や奈良の大仏を訪ねても、かつてそこにあった首尾一貫とした世界を「知る」ことなしには、完全に知ったことにはならない。

ネットで検索した海外都市のあるホテルの前に、実際に立ってみたと想像しよう。目の前の通りを行き交う車の騒音や、街路樹を揺する風の音が聞こえる。小鳥の囀りや野良猫の鳴き声も聞こえるかもしれない。あるいは昨夜の雨に濡れた舗石が陽光で乾いていく埃臭い匂い、近くの運河や湾から運ばれてくる潮の匂いが立ちこめている。行き交う人びとと目が合えば、彼らが外来者に見せる微笑や拒否反応も、私たちがその場所にいるという臨場感に大きな影響をおよぼすに違いない。そのような、ネット検索では決して手に入らない臨場感なしに、私たちはその場所を、本当に「知る」ことはできない。ロール・プレイング・ゲームのようなヴァーチャル空間にもさまざまな臨場感は存在するが、それらは擬似的に「計画」された演出でしかない。

ネットなどから多くの情報を得ることは、たしかに「知る」ことへの重要な手がかりとなる。そうでもしなければ生きられないように、すでに現代都市は変貌しつつある。けれど情報量の蓄積、つまりは「知識」によってのみ何かを「理解する」ことは、決して「知っている」ことと等価ではない。等価であると過信することは、むしろ「知る」ことへの妨げになるのではないか。

思うに、〈知〉は私たちを隷属させます。あらゆる〈知〉の基盤にはひとつの隷属性がある、つまり〈知〉は根底において、それぞれの瞬間が他の一瞬間ないし後に続く諸瞬間のためにしか意味をもたないような生のモードを受け入れているのです。

(ジュルジュ・バタイユ『非—知　閉じざる思考』)

ここで検証される〈知〉、人間の本質であるらしい何かを「理解する」という習性は、私たち人間を不自由にするとバタイユは言う。人間は「理解する」ことで、それを「利用」、あるいは「操作」しようとする。いや、「利用」や「操作」、さらには「計画」するために「理解」するのであり、つまり「理解する」ことには何がしかの事後的な合目的性が孕まれる。その合目的性に、人間は隷属される。

ならば「理解する」という習性から、ひとまず距離を置いてみるのはどうか。ネットにあふれる「有益」で「利用可能」な情報への回路を遮断すれば、現代都市に生きる私たちは、たぶんに手持ち無沙汰や喪失感を覚える。何も「知ることができない」という不安に陥るに違いない。けれど「知ることができない」ことは、まったく無力になることではない。バタイユはそれを、「非—知」

として評価する。

私が解している意味での〈非—知〉は私にとって、ひとつの体験たる可能性を排除するものではないし、この体験を私は、啓示という最大限の〈知〉として与えられる宗教的体験と同様の豊さをもつものとみなしているのです。

結局のところ、存在を不確かなものとして、存在をまったく未知のものとしてみずからに課し、この非—認識のうちに飛び込むということのうちにこそ、私は、ただ単に同じように豊かだというにとどまらずさらにいっそう豊かで、おそらくはいっそう深い——というのもこの体験の中で私は通常の体験からますます乖離するのだから——体験を見出すのです。（同前）

この世界を「まったく未知のもの」として捉えること、つまりは「知ることができない」ことについて、ミンコフスキーもまた、このように言う。

われわれを他の人々に結び付け、彼らを直接に、われわれの「同胞」たらしめる共通の基盤をなすものは、——われわれが知っているように——それがまさしく未知なるものを有つかぎりに於ての、この根底なのだ。このようなものとして、この基盤は、われわれがわれわれの同胞たちと相互に働きあう場を日常生活に於て形成する観念—感情的な諸現象の背後に、それらの背景として、つねに現前しているのである。こうして、われわれの知識は、それがどれほど拡張されても決してこの基盤に立ち入ることはできない。

現代都市を地図もなくさまよい、路地の奥から崖上へと出外れる坂道や、窪地に残された古井戸にささやかな「場所」性が生じるのは、その坂道を誰が登り下りし、その井戸の水を誰が汲み上げているかを、情報として把握し理解できるからではない。むしろ「未知」の人間たち、すでにこの世にはいない多くの人々を含めた誰かが、日々その坂道を登り下りし、その井戸を汲み上げていたことを想像し、そのような人々の「まったく未知」なる日常の繰り返しが、私たちの生活圏からそれほど遠くはない場所に蓄積されていたという事実に、私たちに失われて久しい「時間」性を実感できるからではないか。「こんな場所にこんなものがあったのか」という小さな驚きや畏敬とともに、長い時間をかけてそのような環境をつくり上げ、かつ維持してきたであろう「未知」なる人々の日常や習慣が、ささやかな「失われた楽園」として「見出される」からではないか。「たいていの人にはそうした日は来ない」とプルーストが宣言した「永遠」との出会いとは比較できないかもしれないが、それらは確かに、ただ過ぎ去るだけの時間を超えたところに「見い出される」小さな「永遠」なのである。

『失われた時を求めて』の主人公は、恋人のアルベルチーヌを拘束するという「習慣」にこだわるあまり、長年の憧れであったヴェネツィア旅行をためらっていたが、彼女の失踪によってはじめて、母親と二人でヴェネツィアを訪れる。「時間のなかに局限され空間のなかに特殊化された町」(「ジョン・ラスキン」鈴木道彦訳)であるヴェネツィアは、かのコンブレーの鐘楼が体現した永遠とも思えるような「時間」と「空間」とを、桁外れのスケールで現前させている。そんなヴェネツィアを、主人公はホテルに母を残したまま、一人、地図もなくさまよう。

夕方になると、私は魔法にかけられたような町のなかへひとりで出かけていった。知らない界隈に足を踏み入れたときは、自分がまるで『千一夜物語』の登場人物になったような気がした。散策の途中、どんなガイドブックにも載っていなくて、いかなる旅行者からも聞いたことのない広々として見知らぬ広場に行き当たらないようなことはほとんどなかったと言っていい。私は網の目のような小路や路地《カッレ》へと入りこんでゆく。[中略]こうした小路の突き当たりに、結晶した物質が急激に膨張したかのような場所があった。小路の網の目のなかではとても想像できなかったばかりか場所すら考えられない宏大な堂々たる広場《カンポ》が、心そそる邸宅に囲まれ、月光に色蒼ざめて、突如私の目の前に広がったのだ。

(『消え去ったアルベルチーヌ』高遠弘美訳)

この見事な文章を読んで、自分もまたこの同じ場所をさまよいたいと思わない人間がいるであろうか。おそらく同じ場所を二度と訪れることはできないという意味で、そのすべてが「失われた楽園」なのである。主人公はヴェネツィアという、どこまでさまよってもその全貌を「知ることができない」巨大なる迷宮、つまりは「未知」なる世界の一端に触れたにすぎない。にもかかわらず、そこには魂を奪うばかりの「場所」性が湧き出してくる。主人公がその場所を情報として獲得し、「理解」したからではなく、もちろん権利関係として所有したからでもない。プルーストの筆力に魅了されて読み逃してならないのは、主人公がここで触れているのが、どのようにしても「知ることのできない」世界の一場面であり、バタイユやミンコフスキーが言う通り、それが「まったく未知」であるがゆえに、この世界の豊饒さが開示されているということではないか。

＊＊＊

昭和六年、荷風は地図ももたず深川をさまよい、偶然にも芭蕉の句碑を発見する。急速に変貌していく近代東京にあって、それはまさに事物のなかに眠っていた記憶であり、芭蕉の生きた時代の風物や情景を、一瞬のうちに甦らせるスイッチであった。荷風はまるで芭蕉に憑依されたかのように、小松川を訪ね、しかし荒川放水路という「未知」の風景にたどり着く。初めて出会う風景にもかかわらず、そこに懐かしい「場所」性が生まれたのは、荷風が幼少年期に親しみ、すでに「失われた」隅田川岸の自然風景が「見出された」からであった。日が傾いたので、その日はそれ以上の探索をあきらめるが、荷風は以後、繰り返し放水路を訪ね歩く。それは何かを見に行くためではなく、何も見ないための徘徊であると書いたが、同時にそれは、どのようにも「知ることができない」世界にふれる散策ではなかったか。もちろん荷風は、家に帰れば地図を参照し、新しい小説の舞台設定のために、特定の地区を頻繁に訪ねて自家製の地図を作成したりもする。つまりは合目的性や「計画」性と無縁ではない。けれどどれほど情報を集めても、徘徊のたびに何がしかの発見がある。いや、何も発見しなくても、荷風は失望しない。事物のなかに眠っているスイッチをもとめて、荷風は日々、貪欲にさまよう。もちろん、同行者を募ることもない。

崎川橋《さきかはばし》という新しいセメント造りの橋をわたった時、わたくしは向うに見える同じような橋を背景にして、炭のように黒くなつた枯樹《かれき》が二本、少しばかり蘆のはえた水際から天を突くばかり聳え立っているのを見た。震災に焼かれた銀杏か松の古木であろう。わたくしはこの巨大なる枯樹のあるがために、単調なる運河の眺望が忽ち活気を帯び、彼方の空にかすむ工場の建物を背景にして、ここに暗鬱なる新しい時代の画図をつくり成している事を感じた。セメントの橋の上を材木置場の番人かと思われる貧し気な洋服姿の男が、赤児を背負った若い女と寄添いながら歩いて行く。その足音がその姿と共に、橋の影を浮べた水の面《おもて》をかすかに渡って来るかと思うと忽ち遠くの工場から一斉に夕方の汽笛が鳴り出す……。わたくしは何となくシヤルパンチエーの好んで作曲するオペラでもきくような心持になることができた。

（「深川の散歩」『冬の蠅』所収）

関東大震災によって黒焦げになった二本の大木は、「失われた楽園」を蘇らせるスイッチであり、真新しいコンクリート橋や、若く貧しい男女、遠くから聞こえてくる工場のサイレンにさえも、「永遠」の生命が与えられる。何故ならばここに見出される「場所」性において、荷風は立ち枯れた樹木や橋や人間たちと、同じ「生きられる空間」を共有できるからである。三たび単純化を怖れずに言えば、「生きられる空間」とは、「私ひとりではない」と直感できる「空間」である。由緒ある名所旧跡や歴史的な建築ではない、このような陳腐な風景に対しても荷風は、かくも深く愛情を注ぎ込むことができる。「生きられる空間」は荷風にとって、無意識ながらの意思であり、ツールであるように思える。そんな荷風が生きた近代から百年以上がたち、私たちが生きている現代都市において、「失われた楽園」を甦らせるスイッチを発見することは、より困難になっているかもしれない。あるいは芭蕉の句碑のように、区の有形文化財という「情報」へと顕在化しているものもあろう。それでも現代都市をさまよえば、何がしか予想外な事物や風景と出会い、「生のひろがり」を見い出すことができるのではないか。もちろんそこには、「宏大な堂々たる広場《カンポ》」も「心そそる邸宅」もないかもしれない。どこまでさまよっても、同じような雑居ビルや商品住宅が連なっているなかに、一人の子供も遊んでいない狭い公園があるばかりかもしれない。けれどその公園には、なにか一本の貧相な樹木がそびえている。ペンキが剥げて朽ちかけた木製のベンチがあって、ほんの束の間、そこで安らぐことができるかもしれない。けれど、そのような小さな「場所」性を見い出すことは、権利関係や情報量を拡張して満足することではない。それが「未知」なる世界の一場面であること、私たちにはどのようにしても「知ることができない」世界があることを、「知る」ことなのである。

あとがき

二年前の冬、前著『脳病院をめぐる人びと』を慶應義塾大学経済学部時代のゼミ指導教授であった野地洋行先生に謹呈し、年末近くに返信をいただいた。内容への評価とは別に、近年視力が衰えたので細かい活字は読みにくいとし、市場に出す商品である本としては、もう少し分量を圧縮して読みやすくするようにとのアドヴァイスがあった。先生の訃報に接したのはその一年後、しかもゼミ歴代の卒業生が集合して、一周忌をしのぶ会の招待状であった。返信をいただいてから、ほんの何日かで亡くなられたのである。

前著を含め私のこれまでの三冊が、言わば書きたいだけを書き尽くしたのに対し、本書がテーマを絞り分量を圧縮しているのは、何よりも先生のアドヴァイスに従ったものであるが、それ以上に本書は、間違いなく、かつて野地先生のもと、未熟ながらも西洋近代社会思想史学の一使徒として学んだことに多くを負っている。もっともこのように書いたからといって、本書が正統なアカデミズムに位置づけられる研究書であるなどと言うつもりはない。荷風、プルースト、ミンコフスキーによって現代都市を論じるなどという無茶無謀は、まともな研究者が手を染めるものではなかろう。

いずれにしても本書を一番に野地先生に読んでいただき、感想をもらおうという目論見は、すでに不可能となってしまった。

本書はまた、私のこれまでの本と比較するに、多くを翻訳書に負っている。『失われた時を求めて』の翻訳が数種類もあるのは、間違いなく日本くらいであろう。引用箇所によって翻訳者が異なるのは、二者のすぐれた翻訳が刊行途中であり、あくまでも私個人の嗜好順序に従ったためである。『パリの憂鬱』が古色蒼然たる矢野文夫訳であるのも、同じ理由なのでお許しいただきたい。巻末にあげた参考文献のなかでは、特にジョルジュ・プーレの『プルーストの空間』がわかりやすく、示唆に富んでいた。絶版であるのが惜しい。『生きられる時間』はその価値を見出した精神科の医師が実務の傍ら翻訳し、しかし完遂を見ず三十五歳で急逝した後、哲学の研究者がその意思をつぎ、亡くなった医師の恩師の助言を受けながら完成させたという。門外漢にとってたやすく読める日本語ではないが、その綱渡りのような営為にも、深く感謝しなければなるまい。

最後になるが、これまで三冊の本を書きながら、私は常に「東京という都市の息苦しさ」という、自分でもうまく整理できない、漠然とした感覚に囚われていた。それは地方出身者のみならず、私のように東京が「故郷」である人間にも、深く共有されているように思える。何故そうなのか、それは克服できないものなのか……、という疑問が、本書執筆の起点にある。執筆に際してはこれまでと同じく、「建築」や「都市計画」という自分の専門分野なのかそうではないのかという境界にとらわれなかったため、今回もまた図書館や書店でどの棚に納めるべきか、担当者を困惑させる本になったかもしれない。

　さて、野地ゼミではないが、経済学部の一年先輩であり、現在は城西国際大学教授で国際政治学者の飯倉章氏には、今回も草稿段階から有益なアドヴァイスをいただいた。また彩流社編集の河野和憲氏にも深く感謝する。

主要参考文献

『空間の詩学』ガストン・バシュラール(1957)岩村行雄訳　思潮社　一九八六年
『人間と空間』オットー・フリードリッヒ・ボルノウ(1963)池川健司・中村浩平訳　せりか書房　一九七八年
『トポフィア』イーフー・トゥアン　せりか書房(1974)小野有五・阿部一訳　せりか書房　一九九二年
『空間と経験』イーフー・トゥアン(1977)山本浩訳　筑摩書房　一九八八年
『個人空間の誕生』イーフー・トゥアン(1982)阿部一訳　せりか書房　一九九三年
『場所の現象学』エドワード・レルフ(1976)高島岳彦・他訳　ちくま学芸文庫　一九九九年
『時間の中の都市』ケヴィン・リンチ(1972)東大大谷研究室訳　鹿島出版会　一九七四年
『発展する地域　衰退する地域』ジェイン・ジェイコブズ(1984)中村達也訳　ちくま学芸文庫　二〇一二年
『都市形成の歴史』アーサー・コーン(1953)星野芳久訳　鹿島出版会　一九六八年
『かくれた次元』エドワード・ホール(1966)日高敏隆・佐藤信行訳　みすず書房　一九七〇年
『オレゴン大学の実験』クリストファー・アレグザンダー(1975)　鹿島出版会　二〇一三年
『非・知』ジョルジュ・バタイユ(1976)　西谷修訳　平凡社　一九八六年
『都市の政治学』　多木浩二　岩波新書　一九九四年
『荷風耽蕩』小門勝二　有紀書房　一九六〇年
『永井荷風』吉田精一　新潮社　一九七一年
『永井荷風』磯田光一　講談社　一九七九年
『わが荷風』野口富士男　中公文庫　一九八四年
『永井荷風の東京空間』松本哉　河出書房新社　一九七二年
『荷風文学とその周辺』網野義紘　翰林書房　一九七三年
『マルセル・プルースト伝記　上下』ジョージ・D・ペインター(1965)岩崎力訳　筑摩書房　一九七二年
『人間的時間の研究』ジュルジュ・プーレ(1950)井上究一郎・他訳　筑摩書房　一九六九年
『プルースト的空間』ジュルジュ・プーレ(1963)山路昭・小副川明訳　国文社　一九七五年

『来るべき書物』モーリス・ブランショ(1959)粟津則雄訳　現代思潮社　一九七六年
『プルースト』ジュリア・クリステヴァ(1994)中野知律訳　筑摩書房　一九九八年
『プルーストとシーニュ』ジル・ドゥルーズ　宇波彰訳　法政大学出版会　一九七四年
『フロイトとプルースト』ジャック・リヴィエール　岩崎力訳　弥生書房　一九八一年
『プルーストの部屋』海野弘　中央公論社　一九九三年
『フランス文壇史』　河盛好蔵　文藝春秋新社　一九六一年
『パリの憂鬱　ボードレールとその時代』　河盛好蔵　河出書房新社　一九七八年
『ベルクソン』市川浩　講談社学術文庫　一九九一年
『ベルクソン=時間と空間の哲学』　中村昇　講談社選書メチエ　二〇一四年
『精神分裂病』Ｅ・ミンコフスキー(1927)村上仁訳　みすず書房　一九八八年
『生きられる時間Ⅰ・Ⅱ』Ｅ・ミンコフスキー(1933)中江育生・他訳 みすず書房　一九七三年
『精神のコスモロジーへ』Ｅ・ミンコフスキー(1936)中村雄二郎・松本小四郎訳　人文書院一九八三年
『精神医学とは何か』アンリ・エー(1978)藤元登四郎・山田悠紀男訳　創造出版社　二〇〇二年

【著者】

近藤祐
…こんどう・ゆう…

1958年東京生まれ。一級建築士。文筆家。慶應義塾大学経済学部卒業。アパレル企業企画部に勤務後、設計事務所を経て独立。現在、建築デザイン事務所を主宰。

著書には『物語としてのアパート』『洋画家たちの東京』『脳病院をめぐる人びと』(すべて彩流社刊)がある。

フィギュール彩㊹
生《い》きられる都市《とし》を求《もと》めて
二〇一六年一月十五日　初版第一刷

著者——近藤祐
発行者——竹内淳夫
発行所——株式会社 彩流社
〒102-0071
東京都千代田区富士見2-2-2
電話：03-3234-5931
ファックス：03-3234-5932
E-mail：sairyusha@sairyusha.co.jp
印刷——明和印刷(株)
製本——(株)村上製本所
装丁——仁川範子

ISBN978-4-7791-7048-5 C0395
http://www.sairyusha.co.jp

フィギュール彩

〔既刊〕

㉑紀行　失われたものの伝説

立野正裕◉著

定価(本体 1900 円+税)

荒涼とした流刑地や戦跡。いまや聖地と化した「つはものどもが夢の跡」。聖地とは現代において人々のこころのなかで特別な意味を与えられた場所。二十世紀の「記憶」への旅。

㉟紀行　星の時間を旅して

立野正裕◉著

定価(本体 1800 円+税)

もし来週のうちに世界が滅びてしまうと知ったら、わたしはどうするだろう。その問いに今日、依然としてわたしは答えられない。それゆえ、いまなおわたしは旅を続けている。

㊲黒いチェコ

増田幸弘◉著

定価(本体 1800 円+税)

これは遠い他所の国の話ではない。かわいいチェコ？ロマンティックなプラハ？いえいえ美しい街にはおぞましい毒がある。中欧の都に人間というこの狂った者の千年を見る。